Violeta Ie

Gramatica are suflet

Editura Bo Yang

2014

Descrierea CIP a Bibliotecii Naţionale a României
IEREMIE, VIOLETA
  Gramatica are suflet / Violeta Ieremie - Galaţi: Bo Yang, 2014

ISBN 978-606-93381-4-8

811.135.1

CIP nr. 11344 / 06.06.2014

Violeta Ieremie

Gramatica are suflet

Editura Bo Yang

2014

Cine sau ce este „Gramatica are suflet"?

„Gramatica are suflet" nu este o carte obișnuită de gramatică. Este gramatică într-o poveste. Este o experiență atât emoțională, cât și lingvistică în care alături de tine sunt două personaje, un copil și un bătrân.

Acestea, de fapt, sunt metafore ale unui mod de a gândi și de a fi și îmi doresc din tot sufletul să fie ca o oglindă pentru tine, indiferent cine ești tu în acest moment.

De ce „Gramatica are suflet"?

Pentru că am adus pe aceeași scenă și literele, și emoțiile, iar contopirea acestora face din învățarea limbii române o plăcere.

În spatele fiecărui cuvânt se află o emoție, un mod de a fi. Dacă vrei să schimbi ceva în legătură cu relația dintre tine și gramatică, ordinea este din interior spre exterior. Pregătirea emoțională este importantă și, pe parcursul poveștii, trăiești, simți, înveți alături de personajul cel tânăr.

Acesta trece printr-o schimbare destul de grea, iar principalul motiv este dorința lui imensă de a scrie o carte.

Dar ce se mai ascunde în spatele acestei dorințe? Ce-l împiedică? Cum poate depăși obstacolele? Cu ce să înceapă?

Totodată, vei afla că învăţarea se poate face din minte sau din inimă. Inima este cea care te ajută să te apropii de fiinţa din tine şi cu ea ar fi bine să te împrieteneşti.

Altfel, dacă te gândeşti la gramatică doar ca la o mulţime de reguli, analiză, conjugări, semne de punctuaţie etc., e ca şi cum ai mânca mereu fără să bei un strop de apă.

Călătoria emoţională a copilului se poate asemăna cu „Cele patru anotimpuri" compuse de Antonio Vivaldi.

Stările experimentate, schimbările lente sau bruşte, bucuria sau nemulţumirea, toate acestea le vei trăi şi tu.

Vei simţi fiori blânzi pe piele, trecând prin tensiune, speranţă, încredere, joc, exaltare, aşteptare, acţiune, satisfacţie, admiraţie, acceptare, iubire.

Cât timp am scris, eu am trăit fiecare cuvânt pe care o să-l citeşti tu. Am dansat cu literele un dans regal al bucuriei, am învăţat, am evoluat, am făcut linişte în jur şi în minte pentru a-mi asculta sufletul.

Am simţit fiecare literă, alegând de la început, încă de la primul cuvânt, să scriu această carte de mână. Apoi, am transcris-o în Word, pentru ca apoi să ajungă în tipografie.

Am simţit o plăcere imensă făcând acest lucru, m-am conectat total la eul meu interior pentru a scoate ce-i mai bun din fiinţa mea.

Pentru cine <u>nu</u> este cartea „Gramatica are suflet"?

Pentru cei care se așteaptă:

- să găsească analiză
- să găsească foarte mulți termeni de specialitate
- să citească lucruri (foarte) complicate

Conținutul gramatical, transpus în călătoria lingvistică, constă în greșelile care se fac frecvent în acest moment în limba română. Sunt lucruri de bază, iar pentru o construcție trainică începem cu o fundație sănătoasă.

Cartea este împărțită în trei capitole mari, pe care le vei identifica în poveste, și anume:

- greșelile care se fac în vorbire
- greșelile care se fac în scris
- semnele de punctuație

Îți doresc momente magice și inspirație alături de gândurile mele bune!

Cu drag,

Vio

Mulţumesc!

Îmi mulţumesc mie, în primul rând, pentru curajul de a scrie această carte, în care sunt împletite emoţiile cu gramatica. Tot ce vei citi în continuare este scris din suflet şi din inspiraţie.

Îi mulţumesc vieţii pentru experienţele minunate pe care mi le-a scos în cale şi care m-au ajutat să devin o altă persoană. Fără ele, nu aş fi putut să-mi transmit mesajul.

Le mulţumesc cititorilor mei pentru interes, pentru dorinţa de a învăţa şi pentru tot sprijinul pe care mi l-au oferit, rămânând alături de mine, chiar şi în momentele mai puţin bune. Vă mulţumesc din suflet! Sunteţi minunaţi!

O altă sursă de energie este familia mea. Deşi sunt departe de casă, ai mei se află cu mine mereu, în inima mea. Apreciez tot ce au făcut pentru mine, toate momentele frumoase, pe care acum le înţeleg şi le îmbrăţişez cu drag.

Prietenii mei sunt o parte din mine. Îi iubesc nespus şi le sunt recunoscătoare pentru încurajări şi pentru că m-au luat în braţe atunci când simţeam că nu pot trece de un obstacol. Mulţumesc pentru răbdare şi pentru înţelegere! Sunteţi cei mai buni prieteni pe care îi poate avea cineva!

Evoluţia mea s-a intensificat atunci când, în viaţa mea, au apărut mentorii, oamenii care au fost exemple pentru mine. Au fost clipe când eram jos şi au avut atâta încredere în mine, încât m-au lăsat să-mi găsesc singură puterea interioară. Alteori, mi-au întins o mână de ajutor, mi-au insuflat curaj și mi-au dat resurse ca să pot depăși unele piedici.

„Gramatica are suflet" nu ar fi apărut fără ajutorul unui bun prieten și mentor, în același timp, Daniel Zărnescu (construimimperii.ro). Îți mulțumesc pentru încredere, pentru răbdare și înțelegere, pentru exemplul personal și pentru toate informațiile pe care mi le-ai dat!

O altă persoană implicată în proiectul scriebine.ro este Robert Buliga, care este muzician (musictherapy.ro). El a fost primul care mi-a zis: „Vio, mie îmi este de folos ce o să faci tu! Te susțin și cred în ideea ta". Pentru mine, a fost foarte importantă încurajarea celor din exterior, în acel moment, iar pentru acest fapt, îi mulțumesc din suflet lui Robert că a fost alături de mine și mi-a dat impulsul de care aveam nevoie în acea clipă.

Pentru că am scris cartea în momentele când aveam foarte multă inspirație, am mai avut scăpări. Însă câțiva oameni minunați și-au dedicat o parte din timpul lor pentru a mă ajuta ca povestea să aibă un fir narativ cursiv și să fie corect scrisă.

Dan Cazacu este cel care și-a spus primul părerea, făcând puțină lumină cu privire la unele aspecte care mi-au scăpat. Mulțumesc pentru implicarea cu care ai citit ce am scris și pentru deschiderea emoțională cu care ai abordat subiectul!

Horia Radu este cel de-al doilea personaj care a avut un cuvânt de zis (limbajulnonverbal.ro). Atenția, ochiul agil și încurajările cu care ai pus sub lupă cartea, înainte de a fi publicată, mi-au fost de un real ajutor.

Toată lumea m-a întrebat: „Vio, și ție îți corectează cineva cartea?" ☺ Da. La acest aspect și-a adus contribuția buna mea prietenă, Corina Simion, ea fiind și cea care mi-a dat câteva resurse lingvistice (21 de cărți de gramatică ☺) și a lămurit unele lucruri în ceea ce privește structura. Mulțumesc pentru încrederea transmisă, pentru modul în care mi-ai corectat cartea, cu inima deschisă, și pentru că ești alături de mine!

Anul trecut, m-am întâlnit cu un om care avea să mă ajute foarte mult. Este vorba despre Marius Vornicescu, care, fără să stea pe gânduri, mi-a spus că mă ajută cu detaliile tehnice. Mulțumesc din suflet, Marius! (www.marius-vornicescu.ro)

Amintește-ți un lucru, dragă cititorule: atunci când îi iubești pe oameni, și ei te iubesc pe tine!

„Violeta. Dar mai bine – Vio"

Azi am alergat toată ziua. De colo-colo, înfruntând viaţa cu încredere şi cu zâmbetul pe buze.

Mă aşez pe o bancă, într-un parc, bucurându-mă de priveliştea lotuşilor care aşteaptă momentul potrivit să înflorească.

Lângă mine, se aşază un băiat în a cărui privire văd un calm extraordinar şi poftă de viaţă.

După cinci minute, în care a păstrat tăcerea, se întoarce spre mine şi îmi spune:

- Salut! Eu sunt Victor.

- Salut! Pe mine mă cheamă Vio.

Aşa îmi spun de la o vreme. Eu sunt Vio şi atât.

De fapt, mă numesc Violeta Ieremie. Dar Vio îmi place foarte mult.

- Ce flori sunt acestea? mă întreabă Victor.

- Lotuşi. Vin aici în fiecare zi şi aştept momentul când o să înflorească.

- Ce scrii acolo? şi se uită cu coada ochiului spre foile mele.

- Îmi scriu gândurile. Azi am avut o zi plină şi frumoasă şi scriu tot ce s-a întâmplat, altfel uit.

Ştii, mie îmi plac literele. Îmi place să le îmbin într-un mod cât mai ciudat posibil şi mă bucur atunci când stârnesc emoţie în oameni.

- Eşti profesoară?

- Nu. Adică, nu ştiu. Un fel de... De mică am fost pasionată de citit. Apoi, am făcut liceul de filologie. După aceea, am intrat la Facultatea de Litere şi Ştiinţe ale Comunicării. Pe când ceilalţi se distrau, eu îmi petreceam vacanţele citind. Stăteam lipită de soba bunicii şi trăiam în realităţile create de autorii pe care-i citeam.

- Şi nu te-ai plictisit?

- La un moment dat, am avut şi acest sentiment. După ce am terminat facultatea, mi-am zis că vreau o pauză. Nu-mi era prea clar ce vreau de la viaţă şi n-am mai vrut să aud de cărţi.

Toate astea s-au întâmplat în oraşul meu natal, Suceava.

- Şi apoi?

- Apoi? Am venit în Bucureşti. Singură, fără să cunosc pe nimeni, fără să ştiu oraşul. Ca picată de pe lună.

- Şi ai continuat cu literele?

M-am uitat la chipul lui Victor, pe care se citea curiozitate.

- Stai să-ți spun. Am intrat în iureșul orașului București. Am intrat în horă și trebuia să joc.

Deși în Suceava mi-am propus să uit o perioadă de litere, ceva, în adâncul ființei mele, nu mă lăsa.

Am auzit cum limba română este stâlcită fără milă. Din neștiință sau din automatism.

Atunci, n-am mai rezistat. În mintea mea, erau clare câteva reguli de bun-simț, pe care am început să le spun și celorlalți.

La început, o făceam într-un mod mai agresiv, pe un ton tăios. Bine, nici eu, ca persoană, nu eram foarte prietenoasă. Nu prea știam să comunic, aveam tot timpul garda sus. Așa mi-am format caracterul, având în vedere că am venit singură în București, consideram că trebuie să mă apăr de ceilalți.

- Dar acum nu ești așa. Sau, cel puțin, nu te percep așa.

Am început să râd.

- M-am schimbat. Mi-am dorit foarte mult să mă schimb, așa că m-am înconjurat cu oameni pe care-i admiram, vrând și eu să fiu ca și ei.

Într-un moment de disperare, am găsit un om extraordinar care, prin puterea exemplului, m-a făcut să înțeleg că totul e posibil. Este vorba de Pera, primul meu mentor. El și-a pus amprenta destul de puternic în viața mea.

De la el am aflat de existența lui Daniel. Un alt om extraordinar care m-a ajutat mult.

Așadar, de la câteva cuvinte (pe care le corectam atunci când am ajuns în București), am ajuns să mă expun foarte mult. La început, a fost o luptă interioară, apoi exterioară, foarte puternică.

Nu știam de ce voiam să fac asta, dar așa simțeam. Mi-am început activitatea în mediul online, creând site-ul scriebine.ro, unde mi-am pus toată priceperea și cu ajutorul căruia am învățat să comunic.

- Tu singură ai făcut asta?

- Da și nu. Am avut parte de ajutorul tuturor oamenilor din viața mea care au crezut în mine, m-au sprijinit și cărora le sunt recunoscătoare. O mică parte din visul meu s-a împlinit. Am început să-i ajut pe mentorii și pe colegii mei. Eforturile mele dădeau roade. Îi ajut să-și curețe grădina cu trandafiri superbi de buruieni. Altfel zis, le corectez cărțile, astfel încât cititorii să aibă parte de o lectură cât mai ușoară și mai plăcută.

Şi, cu fiecare carte primită la corectat, îmi promiteam mie însămi: „Următoarea va fi a ta, Vio!"

- Şi? făcu Victor ochii mari. Ai scris o carte?

- Acum o scriu. Mai vin în parc pentru inspirație. De fapt, cartea mă așteaptă pe mine să mai cresc un pic.

Ştii, eu mă ocup cu gramatica limbii române. Şi vreau să fie altfel. Memorabilă. Vreau să aibă povești, să fie prietenoasă și utilă.

Am rămas cu privirea spre flori, strângându-mi imaginar puiul la piept.

Nu știu cât timp a trecut. Însă îmi amintesc vag că Victor mi-a spus „la revedere" şi a plecat înainte să apuc să-l întreb câte ceva despre el.

Sunt fericită. Am descoperit că toată fericirea e în mine, mă așteaptă să-i întind mâna şi să o privesc. Apoi, mă uit în jur şi mă simt binecuvântată. Ştii, Vio, viața este frumoasă! Şi simplă. Oferă iubire şi aceasta va veni spre tine. Ce semeni, aceea culegi.

Dorința

Privirea blândă a copilului se uită în zare. Are hăinuțele curate, dar sărăcăcioase, iar mâinile îi sunt aspre de la prea multă muncă fizică. Familia lui locuiește într-o căsuță, la marginea satului, și nu pune prea mult preț pe educație, ci pe supraviețuirea de azi pe mâine. Nimeni din familia lui nu a mers la școală.

Îl cheamă Iulian, are 11 ani și e copilul care te va însoți în călătoria ta în lumea literelor.

Inima îi bate cu putere atunci când se gândește la o viață măreață, care să-i permită să plece din acel ținut, unde nimănui nu-i pasă de școală și de a fi OM. Toți cei din jurul lui se zbat în existența lor măruntă, fără să-și dea seama că fiecare persoană este valoroasă.

Cu toate că el știe asta, simte și vrea să fie om mare, ca să plece de acasă, deocamdată este nevoit să lucreze cu ziua, cu mânuțele lui firave, pe la casele oamenilor, ca să aibă ce mânca a doua zi.

Și asta face în fiecare zi. Și azi și mâine și poimâine, până când, aflându-se într-o casă a vecinilor săi, a descoperit, sub podea, o carte veche, prăfuită, de aventuri, și a început să citească. A închis ochii și a început să se imagineze ca fiind personajul principal. I se pare atât de minunat să știe să dea viață unor astfel de personaje, încât, în inima lui, încolțește ideea de a deveni scriitor.

În interiorul său se dă o luptă crâncenă. Atunci când se înserează, se întoarce la realitatea lui, în care încă citește și vorbește stâlcit. Familia lui este săracă și știe că nimeni nu va înțelege ce vrea el să facă. Cu acest gând, nu se mai apropie de acea carte, deși tristețea i se instalează pe chip. Nu mai este băiatul vesel, gata să sară oricui în ajutor, iar înfățișarea lui trădează un om care a renunțat înainte să lupte.

Astfel, au trecut șase luni în care pe Iulian îl bântuie imaginea cărții.

Deseori are coșmaruri și visează acea carte pe care o vede peste tot. Săracuțul! Se trezește plin de sudoare, cu inima bătând puternic și înspăimântat.

În interiorul lui bătălia este mare. Vrea să fie scriitor. Trebuie să fie scriitor. Este o voce mai presus de ființa lui. Dar nu știe bine nici limba română, dar să scrie o carte...

Drama lui începe.

- Vreau să scriu! Vreau să învăț limba română! își zice într-o zi.

- N-o să reușesc. Nici nu știu să scriu bine. Mi-e teamă, își zice în altă zi, iar ochii i se umplură de lacrimi.

Și așa adoarme în fiecare seară, copleșit de teamă, cu obrăjorii uzi de la plânset, dar cu o mică speranță licărind.

Și mai trec șase luni în care Iulian aproape că renunță la idee.

Se apropie sărbătorile pascale, iar băiatul nostru ajută la curățenie așa cum numai el știe să facă, prin fiecare colțișor întunecat.

La un moment dat, dă peste o icoană unde este imaginea unui înger.

O ia, cu mâinile tremurânde, o șterge cu grijă de praf și strigă: „Asta e! El o să mă ajute! Mulțumesc!" Și și-a îndreptat privirea spre cer.

Ce crezi că face copilul în fiecare zi atunci când are timp liber?

Își așază icoana într-un colțișor și o privește. Își exprimă cu ardoare, cu lacrimi în ochi, dorința de-a învăța să se exprime frumos si corect în limba lui nativă.

Iar asta face în fiecare zi. Câtă perseverență poate avea, deși nu se întâmplă nimic din ce vrea el!

Și așa au trecut șapte luni în care Iulian se roagă îngerului, cu emoție și cu gândul că rugăciunile îi vor fi ascultate.

În cea de-a șaptea lună renunță. Este prima zi, după o perioadă lungă în care a sperat, când încetează să mai creadă.

Se întoarce la realitatea lui de dinainte, cu tristețe pe chip, în care muncește în fiecare zi pe la casele oamenilor, să facă rost de un colț de pâine.

Tot muncind din greu pentru a avea ce mânca, se întâlnește pe ulița satului cu un bătrân.

La început, i se face frică de el, pentru că bătrânul este neîngrijit, dar ceva, ceva îl atrage. Moșul îl salută politicos și îl întreabă cum îl cheamă.

- Iulian!

- Îmi pare bine, Iulian! Eu sunt domnul M.

Deși la înfățișare nu arată prea bine, dl M are ceva nobil în ființa lui. Privirea și vocea blândă îl fac pe băiat să se apropie de el.

- Nu aveți nevoie de ajutor? îl întreabă copilul. Ca să am ce mânca, ajut oamenii la ce au nevoie pe lângă casă.

Bătrânul se uită lung la el și-i zise:

- Eu nu am o casă așa de mare, dar, dacă vrei, vino.

Cu bucurie, Iulian acceptă și promite că a doua zi va trece pe la el.

- Bună ziua, domnule M! Am venit.

- Bună să-ți fie inima, copile! Intră.

- Cu ce te pot ajuta? Nu pot sta mult pentru că mama mi-a spus să nu vin târziu acasă și iar o să mă certe.

- Înainte de toate, hai să vorbim puțin. Apoi, o să-ți dau și ceva de lucru. Dar vreau să știi ceva înainte. Nu am bani să te plătesc. Odată, am fost foarte bogat, dar mi-am dat toată averea și am fugit în lume. Acum, mi-a rămas doar bătrânețea.

- Dacă nu ai bani, ce poți să-mi dai? întreabă Iulian cu emoție, dar și cu tristețe.

- Dar tu de ce ai nevoie?

- Ce vreau eu, nimeni nu-mi poate da. E imposibil. Nici nu am curajul să spun cuiva, pentru că nu m-ar crede și ar râde de mine.

Domnul M devine brusc interesat.

- Și ce vrei tu?

- Eu vreau să scriu.

Apoi, își lasă privirea în jos și începe să plângă. A crezut că i-a trecut acest „moft", cum ar zice părinții lui, dar dorința este și mai mare.

- Și de ce este așa de greu? întreabă surâzând bătrânul.

- Pentru că eu nu știu să scriu prea bine. Și nici corect. În toată viața mea nu am scris mai mult de cinci rânduri.

Domnul M începe să râdă, iar Iulian se întristează și mai tare. Așa i-a trebuit dacă a spus cuiva despre visul lui. Acum, dl M o să-i spună că e un prost, că ce vrea el nu se poate și să-și ia gândul de la asta.

În acel moment, îi vin în minte vorbele părinților: „Noi suntem săraci, copile! Tu te-ai născut într-o familie săracă. Trebuie să-ți știi vârful nasului și să nu te întinzi mai mult decât ți-e plapuma. Trebuie să muncești mult, din greu, pentru o bucată de pâine și să nu aștepți minuni. Și la școală mergi cât poți. Asta-i viața ta, asta e familia în care te-ai născut, accept-o și muncește".

- Da!!! Asta e viața mea! începe să țipe Iulian. E o prostie ce cred eu și tu râzi de mine!

Iar lacrimile îi curg șiroaie, corpul mic și firav îi tremură și vrea să fugă. Unde vede cu ochii, să nu știe de nimeni, într-o peșteră dacă ar putea, să stea acolo zece ani.

El vrea să scrie. De ce nimeni nu înțelege asta? De ce nu s-a născut într-o familie bogată, să învețe să scrie și să citească? De ce?

Bătrânul, calm, i-a zis lui Iulian:

- Copile scump! Eu râdeam pentru că pot să te ajut. Iartă-mă dacă a părut că râd de tine. Dar îi zâmbeam vieții cum este ea așa de minunată.

Băiatul tace. Este fără grai, începe din nou să tremure, emoțiile l-au copleșit. Este fericit. Mulțumit.

După ce își revine din tremurat, Iulian, cu glasul stins, dar cu strălucire în ochi, îl întreabă pe dl M:

- Poți? Chiar poți? Mulțumesc! Știam eu că se poate, dar ceilalți nu mi-au dat voie să visez. Iar eu i-am crezut. Cum poți să crezi așa ceva, atunci când dorința arde în tine și strigă cu putere: lasă-mă să ies la lumină! Eliberează-mă din închisoare!

Bătrânul îl ia în brațe, strecurând o lacrimă în colțul ochiului, știind că ăsta este ultimul lucru pe care-l mai avea de făcut pe pământ. Să îl ajute pe acest îngeraș care încă nu știe ce putere interioară are. Ridică ochii spre cer și zice: el este. Mulțumesc!

- Acum, că știi asta, că te pot ajuta, spune-mi ce vrei să știi. Îți voi da tot ce ai tu nevoie pentru a reuși.

- Eu nu ştiu să scriu bine! se răsti Iulian. Adică, scuză-mă, încă sunt emoţionat, şi coborî tonul. Vreau să învăţ să scriu bine, corect, să nu-mi fie ruşine de ce aşez pe foaie.

- Cu mare drag, scumpule! Pe vremea când eram bogat, părinţii mei m-au trimis la cei mai buni profesori din acel ţinut să mă înveţe să scriu aşa cum îţi doreşti tu acum. A venit momentul să dau mai departe ce ştiu.

Aşa erau timpurile atunci. Numai cei bogaţi aveau acces la asta.

Nu sunt de acord cu lucrul ăsta. Am convingerea că orice locuitor al acestei planete are datoria să-şi ştie limba maternă. Să ştie ce vrei tu să înveţi. Iar eu te voi ajuta. Te voi duce pe cele mai întortocheate căi, îţi voi dezvălui secrete, îţi voi face cunoştinţă cu taine bine păzite pe care numai câţiva oameni le ştiu.

Lumea literelor e fascinantă, Iulian, dacă ai răbdare şi vrei s-o cunoşti!

A scrie e un act nobil. A vrea să înveţi cum să scrii corect face din tine un om nobil, care va răspândi în lume, prin ceea ce va aşeza pe hârtie, înţelepciunea adunată în timp. Tu, dragule, deja ai făcut primul pas, şi cel mai important, prin a căuta ajutor. Îţi mulţumesc!

Mergi acasă, linişteşte-te, bucură-te, sărbătoreşte şi ne vedem mâine.

Cu pace în suflet, copilul se întoarce acasă. Nu-l mai interesează că a întârziat, că mama lui începe să-l certe. Se închide în camera lui, scoate din sertar icoana, se uită lung la ea și, cu emoție, îi mulțumește.

Pentru prima dată în viața lui, Iulian este fericit și zâmbește din tot sufletul. De-acum, începe aventura vieții lui, o călătorie în care va cunoaște litere, va învăța cum să-și exprime emoțiile, stările și va da viață unor personaje care vor schimba lumea.

Cel puțin, lumea lui s-a schimbat deja. Știe că e posibil dacă ai destulă credință. Totul se poate, deși cei din jur îți stau în cale și râd de tine, spunându-ți că nu ai cum să reușești.

Lumea asta e atât de mare! Există și oameni și informații și uneltele necesare. Tot ce ai nevoie este să vrei și să crezi.

Chiar le poți spune celorlalți: dacă, prin ce spui tu, nu mă ajuți, măcar lasă-mă să-mi văd de treabă!

Să începem călătoria

Ziua 1 – Un sunet şi-o literă

Iulian, bucuros şi încrezător, se îndreaptă hotărât către casa dlui M.

- Am venit. Sunt gata să învăţ.

- Bună dimineaţa, copile! Ia un loc, te rog! Ai mâncat ceva azi?

- Nu. Am fugit repede încoace.

- Aşa, fără benzină? E ca şi cum ai pleca la drum cu o maşină care are rezervorul gol.

Iulian lasă privirea în jos, simţindu-se certat.

Dl M coboară la nivelul băiatului, îl priveşte în ochi şi-i spune cu un glas blând: „Am nevoie de tine sănătos şi cu destulă putere să înţelegi ce facem noi aici. Te rog să nu mai pleci de-acasă fără să mănânci".

Iulian dă din cap aprobator şi nerăbdător.

- Începem?

- Da. Începem.

- Despre ce vorbim?

- Azi îți povestesc puțin despre limba română. Știi tu ce este aceea o limbă?

- Este... este... (și Iulian se foiește pe scaun, își caută răspunsul undeva deasupra capului său). Este ceea ce vorbim noi.

- O limbă este alcătuită din mai multe semne (sunetele, literele) prin care eu îți comunic ție gândurile mele.

Iulian este ochi și urechi, absorbind tot ce zice bătrânul. Poți spune chiar că este o limbă fonetică și că ortografia este fonetică.

- Am o întrebare: ce înseamnă fonetica?

- Fonetica, dragul meu, provine din limba greacă de la *fone* care înseamnă sunet, voce și este studiul sunetelor produse de vocea umană.

- Ortografia ce înseamnă?

- Ortografia este totalitatea regulilor unei limbi prin care se stabilește scrierea corectă a cuvintelor.

- Și atunci când spui că ortografia e fonetică...

- Înseamnă că se scrie cum se pronunță (spui *da*, scrii „d" și „a").

- Îmi place, îmi place ce îmi spui! Îți mulțumesc din suflet!

- Înainte să pleci, aminteşte-ţi:
    - ❖ Umple-ţi rezervorul înainte să te apuci de orice treabă.
    - ❖ În limba română, cu mici excepţii, se scrie cum se aude.

Capitolul 1
Greșeli care se fac în vorbire

Ziua a 2-a – Un sunet schimbat modifică piesa muzicală

Ziua a doua este plină de bucurie şi speranţă pentru Iulian. Cu rezervorul plin, după ce şi-a terminat treburile zilnice, copilul se îndreaptă către dl M cu paşi nerăbdători.

Chipul îi radiază de fericire.

- Bună ziua, dle M! Sunt gata să învăţ.

- Bună, Iulian! Excelent! Ai mâncat azi-dimineaţă?

- Da.

- Mă bucur foarte mult că ai luat în considerare sfatul meu. Am o întrebare pentru tine. Ţie îţi place muzica?

- Da, îmi place!

- Ştii că o piesă muzicală este formată din sunete. Ce se întâmplă atunci când schimbi un sunet sau mai multe?

- Se schimbă şi piesa, răspunde Iulian.

- Corect. Eşti tu băiat isteţ. Acum să ne gândim în acelaşi fel şi la un cuvânt care e format din litere şi care are o însemnătate anume. Ce se întâmplă atunci când schimbi o literă sau mai multe dintr-un cuvânt?

- Se schimbă sensul cuvântului.

Dl M se bucură în sinea lui, îl atinge pe Iulian pe umăr și îi spune:

- Îmi place să lucrez cu tine. Înveți repede și-ți vei îndeplini visul cât de curând.

Copilul privește în sus, mulțumind în gând îngerașului, își îndreaptă umerii și zice:

- Mă străduiesc cât pot de mult să învăț. Chiar dacă unele lucruri sunt încă necunoscute pentru mine, îmi place să le descopăr. Îmi dai un exemplu, dle M, de cuvinte cu litere schimbate? Vreau doar câteva pentru că mă așteaptă mama acasă.

- Sigur. Uite:

- **familiar** – care înseamnă obișnuit, cunoscut, simplu

   Ca în exemplul:

Acest lucru îmi este familiar.

- **familial** – se referă la familie

   Ca în exemplul:

Unii oameni se bucură de o situație familială armonioasă.

Iulian este un pic confuz, interesat, bucuros să afle lucruri noi, dar și un pic speriat.

- Pentru că te grăbești, Iulian, am pregătit ceva pentru tine. Nu trebuie să ții minte tot. Însă e bine să ai la îndemână ce îți dau, o să te scape de confuzie atunci când ai două cuvinte care seamănă foarte mult, dar care înseamnă altceva. Aceste cuvinte se numesc **paronime**.

Consideră lucrul acesta ca o comoară sau magie. Și, cu timpul, vei exersa. Prin exercițiu, înveți foarte mult.

- Mulțumesc, dle M! Azi plec acasă mai bogat și casa ta îmi este din ce în ce mai familiară.

Bătrânul zâmbește mulțumit. A fost o zi bună.

Înainte să pleci, amintește-ți:

- ❖ Păstrează-ți curiozitatea pe care o ai. Te va ajuta mult și, pe lângă asta, este un profesor minunat care scoate la iveală frumusețea sufletului și bucuria copilului din tine.

- ❖ Cuvintele unei limbi seamănă cu sunetele unei melodii. Dacă schimbi o literă dintr-un cuvânt, nu mai are același înțeles, așa cum nicio piesă muzicală nu mai este la fel dacă schimbi un sunet.

(Mai multe paronime găsești la Anexa 1, la sfârșitul cărții).

Copilul pleacă încrezător acasă. Cu informații noi, cu puțină teamă în suflet și cu chipul luminos.

Ajunge acasă, suportă cu seninătate reproșurile familiei și merge cu inima ușoară în camera lui.

Este mulțumit. Încântat chiar.

Deschide un caiet nou și începe să scrie:

Mulțumesc pentru această zi minunată! Mulțumesc pentru tot ce am învățat azi. Mulțumesc pentru sănătate și pentru că l-am întâlnit pe dl M. Îi sunt recunoscător și mă bucur că, deși m-a certat mama, eu sunt vesel.

Mâine este o altă zi frumoasă!

Ziua a 3-a – Litere care zgârie

Iulian se întoarce la dl M pentru o nouă porție de informații. Deși își păstrează starea de bine, copilul este mai agitat decât de obicei. Bătrânul vede asta și nu îi spune nimic. Ci îi oferă un ceai.

- Poftim! O să te simți mai bine.

- Mulțumesc!

Se liniștește, însă se observă clar că este pe gânduri. Ceva îl frământă... în tăcere. Este atent.

- Astăzi, spune dl M, vorbim de cuvinte alăturate care se termină și încep cu sunete supărătoare pentru auz.

- Poți să-mi dai un exemplu?

- Sigur: „Sunt supărat pentru că caut cheile și nu le găsesc". Cele două cuvinte, „că" și „caut", formează o cacofonie.

- Ce înseamnă cacofonie?

- Cacofonia provine din cuvântul grecesc „kakos" și înseamnă *urât, rău*, iar „phone", tot de origine grecească, semnifică „sunet".

Așadar, cacofonia înseamnă, după cum spune George Pruteanu, „alăturarea de sunete ce ne rănesc auzul".

- Şi care sunt sunetele care ne rănesc auzul?

- Cele mai cunoscute sunt „că... ca" (*că casa*), „ca... ci" (ca cineva).

Însă puțini oameni știu că alăturarea aceasta nu este singura. Și-ți dau niște exemple:

> Te aștept mâine **la lac**.
>
> **Mama m-a** chemat acasă.
>
> **Casa sa** a luat foc.

- Eu nu înțeleg ceva. De ce oamenii fac aceste cacofonii?

- Eu aș spune că din neștiință, de lene sau din automatism.

Copilul se foiește pe scaun și nu are stare. Încearcă să se concentreze pentru că este important ce spune dl M, însă ceva îl oprește. Deja visează cu ochii deschiși la ziua când va scrie cartea lui. Fără cacofonii.

- Dle M, eu, atunci când o să scriu o carte, cum știu să nu fac cacofonii?

- Sunt câteva secrete. Ai mai multe variante. Iar eu propun să le luăm pe rând.

Atunci când ai de-a face cu cacofonii, poți să:

(iar dl M începe să scrie pe o foaie, sub privirea flămândă de informații a copilului)

- În loc de „ca" scrii „în calitate de".

Ca candidat, am dreptul să-mi spun părerea. (greșit)

În calitate de candidat, am dreptul să-mi spun părerea. (corect)

- În loc de „ca" scrii „drept".

Dl X a fost prezentat ca candidat al echipei de fotbal. (greșit)

Dl X a fost prezentat drept candidat al echipei de fotbal. (corect)

- Reformulezi. Adică în loc de „ca" scrii aceeași idee cu alte cuvinte:

Ca copil, am fost ascultător. (greșit)

Fiind copil, am fost ascultător. (corect)

Atunci când eram copil, am fost ascultător. (corect)

În copilăria mea, am fost ascultător. (corect)

Casa ta este ca casa mea ca suprafață. (greşit)

Casa ta este asemenea casei mele ca suprafață. (corect)

Băiatul ăsta arată ca copilul străzii, este desculț şi murdar. (greşit)

Băiatul ăsta arată ca un copil al străzii, este desculț şi murdar. (corect)

- Foloseşti şi alte „secrete":

- Înlocuieşti un cuvânt cu altul:

Îi este frică că se va rătăci. (greşit)

Îi este teamă că se va rătăci. (corect)

- Inversezi cuvintele:

Anunță-mă dacă cartea pe care ți-am dat-o ți-a plăcut.

Anunță-mă dacă ți-a plăcut cartea pe care ți-am dat-o.

- Oh, deja mă simt mai bine și mai încrezător, dle M! Voi ține cont de ceea ce ai spus atunci când am să-mi scriu cartea.

Dl M se uită cu drag la băiat și-l pupă pe frunte.

- O să ajungi departe, Iulian! Ții cu dinții de visul tău și în fiecare zi îmi spui de cartea ta.

Copilul lasă puțin privirea în jos, ca și cum ar privi în interiorul său, își încleștează pumnii, se uită la dl M pătrunzător și-i spune pe un ton ferm:

- Eu nu renunț niciodată la visul meu. Iar acum am un motiv în plus: învăț să scriu corect.

- Pentru că te văd așa hotărât, îți mai spun două lucruri de care să ții cont:

Atunci când vorbești, și ești conștient că faci o cacofonie, nu spui <u>niciodată</u> virgulă. Virgula se folosește doar în scris.

Să-ți dau un exemplu:

> Am văzut că (virgulă) casa ta a fost renovată.

Este ca și cum ai spune: „Plec acasă (punct)".

Și cel de-al doilea lucru este următorul:

În ultima vreme, ca să evite cacofonia, oamenii au tendința de a spune „ca și".

Atenție! Este molipsitor! Tu să rămâi mut și surd la formularea aceasta.

- Niciodată, niciodată să nu spun „ca și"?

- Este un singur caz când poți să spui.

Uite:

> Și eu, ca și tine, sunt un copil visător.

Aici faci o comparație între tine și altă persoană. Amândoi sunteți la fel de visători.

Înainte să pleci, amintește-ți:

- ❖ Atunci când știi că ai câteva secrete, plăcerea scrisului este foarte mare. Privește cu încredere în viitor și fii mândru de visul tău.

- ❖ Ca să ai un discurs curat, e bine să fii atent la cuvintele alese și să le potrivești frumos. Sunetele „ca... ca" pot fi supărătoare, deranjante uneori. Nu spune ceva automat, ci gândește-te la ceea ce spui, conștientizând fiecare cuvânt.

Iulian rămâne încântat de ce a auzit. S-a terminat întâlnirea pentru azi şi i-a trecut şi starea agitată. Se îndreaptă cu paşi grăbiţi spre casă, cu multă încredere în el şi cu respect pentru munca dlui M.

„Încă un pas", îşi spune în gând copilul. Nici nu îi pasă că a întârziat, ci se îndreaptă spre mama lui, o pupă şi pleacă să doarmă zâmbind.

În fiecare zi, pune câte-o cărămidă la călătoria lui în lumea literelor şi în fiecare noapte visează cum îşi ţine în mână cartea.

Ziua a 4-a

Este ora cinci, cerul îşi schimbă straiele pentru seară, iar dl M stă liniştit pe scaun, aşteptându-l pe copilul cel isteţ.

Trece o oră, mai trece una, iar Iulian nu apare.

Parcă şi natura este în asentimentul bătrânului căruia inima a început să-i bată cu putere.

S-a întâmplat ceva!

După trei ore de aşteptare, dl M îşi ia gândul de la întâlnirea din ziua respectivă, însă chipul i se schimbă de îngrijorare.

Aproape de miezul nopţii, se aude un ciocănit în uşă.

Dl M deschide şi-l vede pe Iulian, cu hainele ude (începuse vijelia), plin de noroi, cu un caiet sub haină, pe jumătate ud şi cu câteva zgârieturi pe faţă.

Bătrânul nu ştie cum să reacţioneze. Corpul său devine greoi, ca de plumb, nu poate să articuleze un cuvânt, ţinându-l pe copil afară, în ploaie, câteva secunde bune.

- Iulian! se aude în cele din urmă un glas stins. Intră, intră repede!

Nu vrea să-l întrebe nimic pe băiat. Nu vrea să forţeze nota.

- Să-ți dau un ceai cald.

Copilul nu spune nimic. Tremură și are privirea în pământ.

- Am venit! zice în cele din urmă.

Pare că nu-i mai pasă de nimic. A înfruntat vremea vitregă, s-a strecurat printre picăturile de ploaie, s-a luat, pe drum, la bătaie cu un copil care voia să-i fure caietul, a fugit de-acasă. Pare puternic și neputincios, firav, în același timp.

- Am venit să învăț.

Altădată, dl M l-ar fi certat, având o fire impulsivă. Însă acum nu a putut.

- Mâine, copile, mâine învățăm! Acum mâncăm și dormim.

Iulian nu a scos un cuvânt toată seara. A mâncat cu privirea în jos, sughițând uneori din cauza lacrimilor, și a adormit cu caietul în brațe, mulțumindu-i bătrânului că e atât de bun cu el.

Ziua a 5-a - Vină și mulțumire

A doua zi, după furtună, iese soarele. Totul în jur pare viu, colorat și binevoitor.

- Bună dimineața, soare!!! strigă Iulian. Mulțumesc că strălucești și că dai căldură!

- Bună dimineața, copile! Azi ești cu totul altfel. Vesel, cu chef de treabă, zâmbitor și plin de viață.

- Azi e prima zi din restul vieții mele, dle M, și-i sunt recunoscător!

Lecția aceasta, a recunoștinței, salvează vieți, gândi bătrânul. După furtună mereu iese soarele și copiii își revin repede.

Iar bătrânul se bucură alături de Iulian. Orice vârstă ai avea, aminteşte-ți mereu, dar mereu, că ai un copil înăuntrul tău care așteaptă să se bucure, să iubească, să ofere și să primească afecțiune, să plângă și să râdă.

- Ce învățăm azi?

- Azi va fi o lecție tare interesantă. Se leagă puțin de ziua de ieri. Vom vorbi despre prepoziția „datorită" și locuțiunea prepozițională „din cauza".

- Așa... te ascult!

- Mai întâi mâncăm, să avem rezervorul plin, apoi ne apucăm de treabă.

(după un mic dejun copios, cei doi se pregătesc să învețe)

- Bine. Înainte de toate, vreau să te rog să te gândești la diferența dintre ceva pozitiv și ceva negativ.

- Faptul că ieri te-a udat ploaia este ceva negativ sau pozitiv?

- Negativ. Pot să răcesc, să-mi fie rău.

- Dar faptul că azi a ieșit soarele e ceva negativ sau pozitiv?

- Pozitiv. Mă simt bine, vesel și e cald afară.

- Minunat! La fel e și cu „din cauza" și „datorită". Și acum să le luăm pe rând.

„Din cauza" exprimă un fapt negativ, nefavorabil, o cauză.

> Am răcit din cauza ploii.

> Datorită soarelui s-a încălzit afară.

„Datorită" exprimă un fapt pozitiv, favorabil, ceva care te ajută, te încântă, te face să te simți bine.

Foarte des se face confuzia între cele două construcții, unii schimbându-le între ele, din cauza neatenției ori a neștiinței.

Și anume:

> Am răcit datorită ploii.

(Te simți bine că ai răcit? Te bucuri? Dacă nu are un efect pozitiv, „datorită" trebuie schimbat cu „din cauza".)

> Din cauza soarelui, s-a încălzit afară.

(Soarele îți face rău? Are un efect neplăcut asupra ta dacă s-a încălzit afară? Dacă nu, schimbi „din cauza" cu „datorită".)

Sunt și alte cuvinte care au același sens, doar forma acestora diferă.

- Din cauza – din pricina
- Datorită – mulțumită, grație

- Ohh, ce frumos! se minunează copilul. Cum poate cuprinde un cuvânt o emoție, la fel ca un fluture în palma unui om, fără să pățească nimic.

- Mai este ceva. O capcană pe care te rog să o eviți.

Nu știu de ce, însă oamenii uneori spun așa:

> Din cauză la ploaie am răcit.

Nu este corect, nu are niciun sens şi te rog să fii atent să eviţi să spui asta.

Gata pe azi. Mă bucur că eşti mai bine şi mai vesel. Acum du-te şi fă din ziua aceasta cea mai frumoasă zi din viaţa ta de până acum.

Când să iasă pe uşă, bătrânul îl priveşte pe Iulian în ochi şi-i spune:

- Să-ţi aminteşti mereu că niciodată nu eşti singur, deşi ai putea crede asta. Tu ai o putere interioară fantastică, doar că încă nu ştii de ea. Ai încredere în tine şi nu uita că fiecare obstacol este încă o uşă deschisă spre fericirea ta. Peste puţin timp, te vei uita în urmă şi vei râde, simţind doar plăcerea de a trăi, mulţumind vieţii că ţi-a dat acest dar minunat şi ocazia de a experimenta toate aceste lucruri frumoase.

Cu lacrimi în ochi, de bucurie, băiatul sare în braţele dlui M, îl îmbrăţişează puternic şi-i spune:

- Mulţumesc, mulţumesc, mulţumesc! Nimeni până acum nu mi-a spus cuvinte aşa frumoase. Mă bucur tare mult că te-am întâlnit.

Înainte să plece, bătrânul îi mai zice:

- ❖ Eşti un băiat curajos şi puternic. Dincolo de lecţiile de limba română, mă bucur că am întâlnit un om în plină descoperire de sine, care vrea să-şi creeze o lume a lui.

❖ Să-ţi aduci aminte că „datorită" are un efect pozitiv, favorabil, iar „din cauza" are un efect negativ, nefavorabil.

Ziua a 6-a – Nu există ceva mai presus decât atât

- Dle M, este cea mai perfectă zi astăzi! Mama nu m-a certat deloc, iar eu mi-am făcut liniştit treaba.

Zâmbind, bătrânul îi spune copilului:

- Ştiu ce facem azi. Am observat ceva în neregulă mai înainte (cea *mai perfectă* zi). Vorbim despre adjectivele care nu au grad de comparaţie.

Iulian face ochii maaari şi zice:

- Ce nu au?

- Grad de comparaţie. Îţi explic, stai liniştit.

Un adjectiv arată o însuşire, o trăsătură.

De exemplu:

> Acest copac este înalt.

Un grad de comparație este un mijloc prin care ceva este comparat cu altceva.

Acest copac este mai înalt decât celălalt.

- Totul poate fi comparat? întrebă Iulian.

- Nu. Vreau să-ți dau câteva elemente care să te ajute să înțelegi mai bine. Relaxează-te, chiar dacă folosesc niște termeni necunoscuți ție, tehnici. Nu trebuie să ții minte asta acum, ci să înțelegi esența a ceea ce-ți spun.

Să ne gândim la un adjectiv: curajos.

Așadar, adjectivul poate fi:

- Pozitiv – nu compari nimic, iei obiectul așa cum este el, cu tot cu însușirea lui:

> Copilul curajos spune adevărul.

- Comparativ – de trei feluri:

1. de superioritate (mai)
2. de egalitate (la fel de, tot așa de, tot atât de, ca):

> El este mai curajos decât fratele lui.

   3. de inferioritate (mai puțin):

> Ieri am fost mai puțin curajos decât sunt azi.

- Superlativ – de două feluri:

1. superlativul relativ
   - de superioritate (cel mai)

> El este cel mai curajos copil pe care îl știu.

   - de inferioritate (cel mai puțin)

> Copilul cel mai puțin curajos nu primește ce vrea.

2. superlativul absolut

Și am ajuns la lecția de azi. Superlativul absolut, după cum spunea profesorul meu, exprimă intensitatea maximă sau minimă a unei însușiri, fără însă a o compara.

Ca să înțelegi mai bine, te provoc să te gândești la un om. Și acum imaginează-ți cel mai înalt om din lume (altul ca el nu mai există) și la cel mai mic om din lume.

Superlativul absolut se formează așa:

> Acest om este **foarte** înalt.
>
> Acest om este **foarte puțin** onest.

Iulian deja visează cu ochii deschiși cum o să fie el foarte cunoscut și foarte apreciat pentru ce va scrie.

- Alte cuvinte, în afară de „foarte", mai sunt?

- Bună întrebare! Da, mai sunt:

- din cale-afară (de frumos)
- cu totul și cu totul (poleit cu aur)
- deștept foc
- urât de mama focului
- putred de bogat
- o groază de bani
- o apă adâncă, adâncă

- răul răilor
- deșteptul deștepților
- o mândrețe de fată
- **arhi**plin (foarte plin)
- **extra**fin (foarte fin)
- **supra**încălzit (foarte încălzit)
- **ultra**elegant (foarte elegant)
- ochii m**aaa**ri (ochii foarte mari)

- Și cuvintele care nu au grad de comparație?

- Da, da, îți spun imediat și de ele:

- inferior (nu există mai inferior, mai puțin inferior)

<u>Ceea ce am scris între paranteze se aplică tuturor cuvintelor de mai jos:</u>

superior	suprem	oral	nemaipomenit
major	extrem	prim	extraordinar
minor	asemenea	unic	excelent
complet	gata	ultim	viu
maximum	desăvârşit	veşnic	însărcinată
minimum	deplin	terminal	genial
optim	enorm	uriaş	mijlociu
posterior	fundamental	pozitiv	negativ
ulterior	întreg	perfect	egal
anterior	mort	principal	
formidabil	superb	special	
teribil			

- Oh, ce multe cuvinte! spune Iulian puțin trist.

- Stai liniștit! Le înveți pe parcurs exersând. Faptul că ai o listă cu mai multe cuvinte nu înseamnă foarte mult, ci modul în care le folosești la momentul potrivit.

- Mulțumesc, dle M, pentru răbdare!

- O zi minunată îți doresc!

Și amintește-ți:

- ❖ Lucrurile sau oamenii extraordinari nu au grad de comparație.
- ❖ Tu, om special, nu te compara cu alții, ci cu Iulian cel de ieri! Ești mai fericit azi? Sănătos? Mai vesel? Mai bine? Știi un cuvânt în plus față de ieri? Extraordinar! Bucură-te și mulțumește-ți pentru tăria de caracter de care dai dovadă.

Ziua a 7-a – Decât eu fac alergie la „decât"?

Dl M se pregătește pentru lecția cu Iulian. Are multă încredere în băiat și îl sprijină cât poate de mult. Însă e de-abia la început.

Copilul începe să fie încrezător în propria-i putere, uneori e plăpând, alteori e puternic. Mediul în care trăiește e ca o sabie cu două tăișuri.

Pe de o parte, îi pune capac și îi taie aripile, obligându-l să se îndepărteze de copilul Iulian cel autentic, pe de altă parte, fiind contrastul prea mare între ce vrea și ce este în prezent, îl forțează pe băiat să-și depășească limitele.

Singurul în măsură să acționeze este chiar Iulian. Decizia este la el, și el știe cel mai bine ce cale vrea s-apuce: fie se lasă înghițit de gândirea familiei lui, fie dă din coate, își adună toată puterea, se desprinde de stilul de viață de până atunci și-și urmează visul, chemarea, zvâcnirea inimii.

Am adus asta în discuție deoarece în ultimele zile chipul îl trădează pe copil, deși acesta nu zice nimic. Și nici dl M nu insistă. Îi dă libertatea să decidă, să aibă propriul conflict interior pentru ca, după aceea, să iasă victorios.

Se apropie ora venirii lui Iulian. Dl M începe să fie din ce în ce mai curios de stările prin care trece băiatul.

- Bună seara, dle M! se aude de după uşă o voce tremurândă.

- Bună să-ţi fie inima, Iulian! Intră, te rog!

Ochii copilului sunt roşii şi respiră greu. Din nou, dl M nu zice nimic.

- Despre ce vorbim azi?

- În două minute îţi spun. Vezi tu, în timp, limba română a început să fie stâlcită. Ca şi cum cineva ar tăia în fiecare zi câte o literă sau ar tăia câte o creangă dintr-un copac. Aşa s-a ajuns la nişte forme urâte.

Uite un exemplu:

> Am decât o haină.

- Ce nu e bine? întrebă Iulian.

- „Decât", care este adverb, este singur în propoziţia asta, cam orfan.

Ca să înţelegi, te rog să te gândeşti la o propoziţie afirmativă şi la una negativă (construită cu adverbul „nu").

În propoziţia negativă scriem aşa:

NU... verb... DECÂT...

> **Nu** am **decât** o haină.

În propoziția afirmativă scriem așa:

> **Am doar/numai** o haină.

Iar dl M face o recapitulare:

- **propoziția negativă** se construiește așa:

Nu + verb + decât

- propoziția afirmativă se construiește așa:

Verb (afirmativ) + doar/numai

- Asta e simplă. Am înțeles. Eu am doar un caiet. Iar acum nu vreau decât să mai învăț ceva.

- Perfect! Îți mai spun ceva scurt, apoi te duci la treburile tale.

Foarte frecvent, oamenii înșiruiesc cuvintele ca rufele la uscat pe sârmă, fără să știe că este o ordine a acestora.

Să-ți dau un exemplu:

> Nu vreau să ~~mai~~ mă duc la joacă.

- Și ce nu e bine aici, dle M?

- Nu e bună ordinea. Fraza corectă e așa:

> Nu vreau să mă **mai duc** la joacă.

Aici, „mai" stă aproape de verb, aproape că-l ține de mână. Acesta-i secretul.

Aminteşte-ți înainte să pleci:

- ❖ Puterea se află numai în mâinile tale. Eu doar te îndrum, aprind lumina care se află în tine. Tu faci toată treaba. Și faci o treabă excelentă!
- ❖ O propoziție negativă se construiește așa:

> Nu am decât două mere.

- ❖ O propoziție afirmativă se construiește așa:

> Vreau doar (numai) să plec acasă.

- ❖ Ordinea, în următoarea situație, este aceasta:

> Vreau să mă mai duc acolo. („mai" stă în stânga verbului)

Ziua a 8-a – Cum să urci sus dacă ai coborât jos?

Plouă mărunt și stropii de ploaie se agață ordonat de crengi, de case, de oameni, de animale, de firele de iarbă.

Atenția este îndreptată către cer, din care picură stropi de apă, la prima vedere, la fel. Însă, dacă ai ține în mână două picături, ai vedea că fiecare are personalitatea ei, forma ei, energia ei. Cum ar fi dacă stropii ar cădea rar, unul la un minut, să te bucuri de fiecare în parte, să-l admiri, să-l simți pe piele?

Starea meditativă a dlui M este întreruptă de ciocănitul ușor al lui Iulian.

- Bună seara, dle M!

- Intră, intră repede, Iulian! Hai cu mine la fereastră să admirăm ploaia.

- Adică aversele de ploaie?

- Nu, nu. Doar aversele, și bătrânul zâmbește.

- Vezi tu cum cad stropii de ploaie? Cu forța gândului, am putea să reconstruim lumea. Putem să ne imaginăm că acești stropi sunt literele din cartea ta, Iulian!

- Oh, ce frumos! Deja le văd şi le simt cum se ordonează frumos şi corect pe pagină. Deja le simt cum ies din inimă, cum se contopesc cu foaia şi îşi lasă acolo amprenta.

- Minunat!

- Văd o idee şi litere, cuvinte care se strâng în jurul acelei idei.

- Fii atent la cuvintele pe care le alegi. Cuvintele, uneori, deşi au forme diferite, pot semăna ca sens.

Băiatul, cu ochii închişi, relaxat, este nedumerit.

- Îţi dau un exemplu, nu-ţi face griji.

> A picura cu stropi rari.

> ➢ *A picura* înseamnă deja „a cădea sau a face, a lăsa să cadă în picuri, a ploua uşor, cu stropi rari". (*Dicţionar de exprimări pleonastice*, de Ilie-Ştefan Rădulescu) („cu stropi rari" este în plus)

> ➢ *Ambuscadă prin surprindere,* unde ambuscadă (din fr. „embuscade") este o „acţiune de luptă în care inamicul este atacat prin surprindere; loc amenajat şi ocupat de o subunitate militară, în scopul executării unui atac prin surprindere asupra duşmanului"). („prin surprindere" este în plus)

> *Burg medieval* este pleonasm, deoarece „burg" (din fr. „bourg") este „un castel medieval", o „cetate, așezare fortificată cu caracter militar sau administrativ", un „oraș medieval"). („medieval" este în plus)

> *Conjunctură de moment/de împrejurări,* unde „conjunctură" (din fr. „conjoncture") reprezintă „totalitatea factorilor de ordin obiectiv și subiectiv, de condiții și de împrejurări care exercită o influență asupra evoluției unui fenomen sau asupra unei situații la un moment dat, într-un anumit domeniu de activitate; concurs de împrejurări"). („de moment/de împrejurări este în plus)

Un pleonasm, dragul meu, înseamnă să pui alături mai multe cuvinte care au același înțeles.

Un exemplu foarte bun este acesta: „a avansa înainte". „A avansa" are înțelesul de a merge înainte, așadar, „înainte" nu mai este necesar.

Evitarea pleonasmelor se face cunoscând sensul cuvintelor și chiar și etimologia (de exemplu, „apporter" <din fr. „apporter">, care înseamnă a aduce. Ar fi bine să se știe și acest lucru pentru evitarea pleonasmului „a-și aduce aportul"). Sau, dacă măcar se conștientizează că ceva este pleonastic, se înlocuiește construcția cu alta. Însă, din păcate, de multe ori, această conștientizare nu are loc.

Și amintește-ți:

- ❖ Că noi suntem mereu conectați cu natura și ar fi excelent dacă am petrece cât mai mult timp în mijlocul ei. În acest fel, ne întoarcem la rădăcini.
- ❖ Pleonasmul reprezintă felul nostru de a spune în cât mai multe cuvinte cât mai puțin. Cu cât e mai simplu, cu atât e mai bine. Iar pentru a ajunge la simplitate e nevoie de exercițiu.

(Mai multe pleonasme găsești la Anexa 2, de la sfârșitul cărții.)

Ziua a 9-a

După ziua anterioară, când copilul a făcut cunoştinţă cu o mulţime de cuvinte noi, mintea lui a început să fie confuză. Nu înţelege de ce e nevoie să înveţe atâtea, când poate, foarte bine, să se complacă în situaţia de dinainte atunci când muncea cu ziua şi atât, nu avea gânduri măreţe, nemaiauzite în mediul în care trăia el. Deşi acum aceste noţiuni par puţin dificile, cu cât Iulian înaintează cu studiul literelor, cu atât va vedea că înţelege mai mult şi că îi vor fi foarte utile mai târziu.

Ce prostie! Să învăţ să scriu corect ca să scriu apoi o carte. Cine o va citi? Ce vor spune ceilalţi?

Toate aceste gânduri îi vin în minte băiatului, dimineaţa, înainte să se trezească de-a binelea şi să muncească.

În camera alăturată, o aude pe mama lui ţipând, deoarece a găsit caietul cu lecţii pe care Iulian l-a ascuns.

- Ce înseamnă asta? Vrei să ne părăseşti? Vrei să pleci?! Unde? Cine te ia în seamă pe tine?

Băiatul, deşi avea ochii închişi, aude totul, iar inima îi este împărţită în două. Pe de o parte, îi este milă de familia lui, pe de altă parte, îşi doreşte din suflet să-şi urmeze chemarea inimii.

Iar lacrimile îi curg șiroaie. Nu știe ce să facă. A devenit vulnerabil și s-a îmbolnăvit.

- Azi stau acasă, zice Iulian cu o voce stinsă.

De-abia are putere să vorbească.

Își recuperează caietul sub privirea tăioasă și rece a mamei, îl pune lângă el în camera lui și îl privește lung. Trec câteva ore până când îl deschide și citește ce i-a spus dl M.

- E prea greu. Nu cred că reușesc să fac ce mi-am propus.

Îi este ciudă că stările lui alternează. O zi este fericit, o zi este trist, temător.

Deschiderea caietului și citirea notițelor seamănă cu zborul. Până să te desprinzi de pământ, mai sunt câțiva pași: te echipezi, îți iei măsuri de siguranță, alergi, consumi foarte multă energie și apoi, încet, încet nu mai simți pământul.

La început e cel mai greu. Iar Iulian este la început. Mintea lui încă este limitată și nu concepe cum poate fi sentimentul împlinirii.

Azi nu i-a mai zâmbit soarelui. Și mâine mai e o zi în care el, cu gândurile lui, poate fi creatorul propriei vieți.

Ziua a 10-a – Un cuvânt cu mai multe înţelesuri - cuvinte greşite la plural

În ziua următoare, Iulian face un efort mare şi se îndreaptă către casa dlui M, cu o faţă de om abătut, nemulţumit.

- Bună ziua!

- Bine ai revenit, Iulian! Ce faci? Totul este în ordine?

Tăcere. Băiatul nu spune nimic, se aşază pe scaun şi se pregăteşte să scrie. Nu are chef să vorbească. În drum spre bătrân, aproape că voia să se întoarcă, părându-i-se totul inutil. Ceva totuşi nu l-a lăsat...

Dl M, observându-l pe băiat, a folosit o comparaţie pentru a trece mai departe cu lecţiile.

La scurt timp, şi-a dat seama că, înainte să-l înveţe pe băiat să scrie corect, ar fi bine să aibă răbdare şi să-l încurajeze cât mai mult, nu invers. Învăţarea vine din interior, iar motivaţia din inimă e cea mai puternică, nu din exterior. Aşa că e foarte atent la copil, deşi, momentan, nu îi spune nimic despre acest subiect şi începe să-l cunoască, creându-i un mediu propice, prietenos şi călduros.

- Iulian, eşti gata? Începem să decolăm, şi bătrânul zâmbeşte.

- Da, sunt gata! zice copilul mai voios.

- Uite, vreau să te gândeşti la tine. De fiecare dată când vii la mine, eşti tot tu, fizic, însă starea ta de spirit se schimbă. Într-o zi eşti vesel, în altă zi eşti îngândurat, trist, agitat, apoi iar eşti bucuros.

Eşti tot tu, însă cu altă stare de spirit.

Din acest punct de vedere, cuvintele se aseamănă mult cu oamenii.

- Serios? spune Iulian mirat. Nu m-am gândit niciodată că ar putea fi aşa. Poţi să-mi explici?

- Desigur. Ai un cuvânt care are acelaşi sau aproape acelaşi înveliş (sunete şi litere). Iar în contexte diferite are înţelesuri diferite.

- Ce frumos ai spus! Cuvintele se aseamănă cu oamenii. Au un înveliş exterior (litere, sunete) şi unul interior (sensul sau sensurile).

Din păcate, unii oameni nu cunosc toate formele sau le împrumută de la alţii, astfel încât repetă aceeaşi greşeală.

Ţine minte, te rog! Atunci când repeţi o greşeală făcută de altcineva, mai în glumă, mai în serios, o să-ţi intre în reflex şi o să spui, fără să-ţi dai seama, varianta cea greşită.

Pentru că, repetând, îi transmiţi minţii tale că acel cuvânt a intrat în vocabularul tău. Iar repetiţia e mama învăţăturii.

Şi de data aceasta îţi dau o listă cu cele mai frecvente cuvinte întâlnite de mine care o să te ajute pe tine mult.

Iar înainte de asta aminteşte-ţi:

- ❖ Cât timp faci ceva cu drag, îţi doreşti să înveţi şi treci de toate obstacolele. Iar tu ai demonstrat asta de nenumărate ori. Sunt mândru de tine.
- ❖ Ascultă de tine, de ce înveţi, nu de alţii. Nu te lăsa păcălit de cei din jur care fac o greşeală doar pentru a se amuza. În curând, nu vor mai şti care e greşeala şi care e cuvântul corect.
- ❖ Cuvintele, deşi seamănă ca formă, au sensuri diferite. Ia fiecare cuvânt în parte şi acordă-i atenţia cuvenită.

- **Corn (singular)**

    Corni (plural) – instrument muzical

    Cornuri (plural) – produs de panificaţie, în formă de semilună

    Coarne (plural) – formaţie osoasă pe capul animalelor

- **Ochi (singular)**

    Ochi (plural) – organul vederii

    Ochiuri (plural) – ouă prăjite; la tricotaj

- **Colț (singular)**

    Colți (plural) – dinți lungi la animale

    Colțuri (plural) – unghiuri (geometrie)

- **Cap (singular)**

    Capete (plural) – organe anatomice, parte a corpului; vârf; sfârșit

    Capi (plural) – conducători

    Capuri (plural) – parte de uscat care înaintează în mare; promontoriu

- **Creier (singular)**

    Creieri (plural) – organ anatomic, parte a sistemului nervos la animale, organ al gândirii și al conștiinței la om

    Creiere (plural) – conducători

- **Curent (singular)**

    Curente (plural) – mișcări de idei literare, artistice

    Curenți (plural) – mișcări de aer

- **Masă (singular)**

    Mese (plural) – mobilier

    Mase (plural) – mulțime de oameni

- **Termen (singular)**

    Termene (plural) – date fixe

    Termeni (plural) – cuvinte și fiecare număr al unei sume (matematică)

- **Vis (singular)**

    Vise (plural) – imagini din timpul somnului

    Visuri (plural) – aspirații, idealuri

- **Nivel (singular)**

    Nivele (plural) – instrument, dispozitiv care ajută la determinarea liniei orizontale sau cu care se măsoară pe teren diferențele de înălțime între două sau mai multe puncte de pe suprafața terestră (**o nivelă, două nivele**)

Niveluri (plural) – înălțime a unui loc în raport cu un plan orizontal dat; treaptă de dezvoltare a cuiva (**cel mai folosit termen în limbajul cotidian**)

- **Buton (singular)**

  Butoni (plural) – butoni la cămașă

  Butoane (plural) – butoanele de la un aparat

- **Membru (singular)**

  Membri (plural) – persoane care aparțin unui grup

  Membre (plural) – părți ale corpului (membrele inferioare și membrele superioare)

- **Bandă (singular)**

  Bande (plural) – grupuri

  Benzi (plural) – fâșii

- **Dată (singular)**

  Dăți (plural) – momente (mai multe dăți, de mai multe ori)

  Date (plural) – repere din calendar

- **Virus (singular)**

    Viruși (plural) - IT, la calculator

    Virusuri - agent patogen, atunci când ești răcit

- **Zmeu (singular)**

    Zmeie (plural) – jucărie constând dintr-o bucată de hârtie sau din pânză fixată pe un cadru dreptunghiular de lemn, care, ținută de o sfoară lungă, se înalță în aer atunci când bate vântul

    Zmei (plural) – personaj din poveste

- **Seminar (singular)**

    Seminare (plural) – formă de activitate didactică prin care cineva își fixează și aprofundează unele cunoștințe (la facultate; cursuri)

    Seminarii (plural) – instituții de învățământ teologic unde se pregătesc viitorii preoți

- **Acces (singular)**

    Accesuri (plural) – intrări

    Accese (plural) – atac, izbucnire, manifestare bruscă, repetabilă la interval regulat, a unei boli, stări sufletești

- **Complex (singular)**

    Complexuri (plural) – construcții rezidențiale

    Complexe (plural) – (complexe de inferioritate) sentiment de neîncredere în forțele proprii

    Complecși (plural) – (la chimie) complecșii aminoacizilor

❖

Afecțiune

- <din fr. affection, lat. affectio-onis> - simpatie, prietenie, atașament față de cineva
- boală, stare patologică a unui organ

Mai

- mai (adverb) <din lat. magis> - 1. servește la formarea gradului comparativ și a celui superlativ relativ (mai frumos); 2. aproape, cam, aproximativ
- mai, -uri (substantiv) <din lat. mallus> - nume pentru diferite unelte în formă de ciocan (de lemn) care serveau la bătut, nivelat etc.

- mai, -uri (substantiv) <din magh. maj> - ficat
- mai (substantiv; invariabil) <din maius> - a cincea lună a anului

Motiv

- <din fr. motif; it. motivo; germ. Motiv> - cauză, rațiune
- cel mai mic element constitutiv al unei piese muzicale, din dezvoltarea căruia ia naștere tema muzicală; temă, melodie
- element pictural sau sculptural fundamental, folosit într-o compoziție decorativă sau arhitecturală
- idee fundamentală sau tema principală a unei opere literare

A se recrea

- a se recrea <din fr. récréer; lat. recreare> - a se destinde, a se odihni; a se reface, a se relaxa
- a recrea <din fr. récréer> - a crea din nou

Strat

- <din lat. stratum> - material, substanță repartizată relativ uniform pe o suprafață de altă natură
- fâșie de pământ, cu cărări pe margini, pe care se seamănă legume sau flori
- (popular) – culcuș, așternut, postament
- patul puștii
- placenta unor animale

Apoi, din păcate, au început să circule cuvinte cu forme greșite la plural, inventate sau din neștiință:

❖

Succes

- Succese (corect)
- ~~Succesuri~~ (greșit)

Eșec

- Eșecuri (corect)
- ~~Eșece~~ (greșit)

Remarcă

- Remarci (corect)
- ~~Remarce~~ (greşit)

Cablu

- Cabluri (corect)
- ~~Cable~~ (greşit)

Rucsac

- Rucsacuri (corect)
- ~~Rucsace~~ (greşit)

Varză

- Verze (corect)
- ~~Varze~~ (greşit)

Chitară

- Chitare (corect)
- ~~Chitări~~ (greşit)

Coardă

- Coarde (chitarele au coarde) (*corzi* se spune doar atunci când înțelesul substantivului „coardă" este cel de frânghie la ringul de box sau bârnă la casă)

Monedă

- Monede (corect)
- ~~Monezi~~ (greșit)

Limonadă

- Limonade (corect)
- ~~Limonăzi~~ (greșit)

Curcubeu

- Curcubeie (corect)
- ~~Curcubee~~ (greșit)

Album

- Albume (corect)
- ~~Albumuri~~ (greșit)

S-a terminat şi lecţia de azi. Iulian a rămas încântat de ce a auzit, iar inima-i tresaltă de bucurie că a învăţat ceva nou şi este optimist.

- Ciudată limbă mai avem, îşi spune copilul în gând. Cum un cuvânt îţi poate da atâtea bătăi de cap... însă ce-mi place mie este că e atât de diversă, încât nu mă plictisesc. Frumos a zis dl M despre cuvinte şi oameni. Se aseamănă, deşi nu ai crede. Hai, curaj, Iulian, am mai învăţat ceva azi şi o să-ţi prindă bine! se îmbărbăta băiatul.

Ziua a 11-a – Unele cuvinte iubesc doar un număr

În ziua următoare, liniştea e cuvântul-cheie. Până şi natura este în armonie cu starea lui Iulian, acum mai încrezător şi cu un zâmbet în colţul gurii. A prins putere şi nu mai opune rezistenţă la trăirea lui interioară. Încă nu are curaj să iasă din cutiuţa lui, să-i înfrunte pe cei din jur, ci deocamdată se cucereşte pe el însuşi. Cetatea lui interioară are zidurile cele mai groase şi încă nu-şi dă voie să fie fericit. Încrederea în forţele lui se clădeşte din interior, zi după zi, pentru ca astfel să prindă curaj să fie el, cel autentic, în exterior, indiferent de ce spun ceilalţi.

A ajuns în fața ușii dlui M, a respirat adânc, a bătut la ușă și a intrat.

- Bună ziua, copile!

- Bună ziua, dle M! Ce facem azi? întreabă Iulian cu o energie pozitivă, emanând bucurie și entuziasm.

- Astăzi... astăzi vorbim despre cuvintele care au o singură formă, fie la singular, fie la plural. Aceste cuvinte se numesc *substantive defective de număr,* spune bătrânul în timp ce-i făcea lui Iulian un ceai bun, aromat.

- Nu înțeleg. Poți să-mi dai un exemplu?

- Desigur: miere, aur, ochelari, unt.

Unele cuvinte se folosesc numai la singular (unt), altele numai la plural (ochelari).

Și mai sunt. Îți mai dau, văd că-ți place.

Cuvinte care se folosesc numai la singular:

- Cuvinte care denumesc materii: aur, cositor, miere, sânge, unt, vată, cimbru, cânepă, mazăre etc.

- Cuvinte abstracte cu nume de însușiri, stări: cinste, curaj, deșteptăciune, noblețe, zgârcenie, foame, rușine etc.

- Cuvinte care denumesc discipline, științe, jocuri sau sporturi: biologie, geometrie; fotbal; șah etc.

- Cuvinte care apar numai în unele locuțiuni și expresii fixe: de-a berbeleacul, a duce cu fofârlica, a avea habar, a da iama, în pofida, cu toptanul, de-a valma, a da în vileag.

Cuvinte care se folosesc numai la plural:

- Nume de materii: bale, câlți, confeti, cuișoare, lături, tăiței, fasole etc.

- Nume care denumesc mai multe elemente: aplauze, coclauri, graffiti, măruntaie, moravuri, nazuri, represalii, zori.

- Nume de obiecte formate din două părți identice: blugi, ghilimele, ițari, nădragi, ochelari.

Ziua a 12-a – Omul pe care a citit cartea

Iulian s-a întors acasă, cu speranța licărind în interiorul lui, acum că știa atât de multe (credea el). S-a așezat în patul lui micuț, cu caietul în care a scris tot ce a învățat lângă el și a văzut că, totodată, a făcut și multe greșeli. A închis repede caietul, chipul i s-a schimbat și nu a mai scos o vorbă în acea zi. Cuvintele părinților îi răsunau în minte:

- Tu nu poți învăța nimic. Mintea ta nu-i în stare să te ducă mai departe. Rămâi cu noi, fă-ți treaba zilnică și acceptă-ți soarta.

Pe de altă parte, Iulian își amintește și ce i-a zis dl M:

- Puterea din tine este infinită, copile! Urmează-ți visul și ai încredere în tine. Doar tu poți reuși, nu poate nimeni s-o facă în locul tău. Și dacă îți dorești din toată inima, reușești să faci tot ce vrei tu.

Confuzia din mintea și sufletul băiatului se transformă în nemulțumire în privința greșelilor făcute și în acest fel, în momentul când a ajuns la dl M, deja se simțea rău, simțea că ce face el nu are sens, că n-o să fie atât de bun cum și-ar fi dorit.

- Bună ziua, dle M!

- Intră, Iulian!

Bătrânul observă supărarea copilului, care parcă ar izbucni în lacrimi în secunda următoare, coboară la nivelul lui, îi pune mâna pe umăr și-i spune:

- Dacă vrei să vorbești cu cineva, eu sunt aici. Când ești pregătit. Și acum vreau să te liniștești. Este mult mai bine atunci când îți îndrepți atenția către lucruri bune, îți revii mai repede.

Bătrânul îi spune să închidă ochii pentru câteva minute, să respire adânc și să numere de câte ori face asta. Apoi, să-și imagineze că în fața lui este el, cu cartea scrisă de el în mână, zâmbindu-i soarelui.

Totul în jur s-a transformat în tăcere. Iar acum cei doi ascultau tăcerea. Atmosfera s-a calmat, lui Iulian i s-a luminat fața, fiind gata de lecție.

- Minunat! spune bătrânul. Nu vreau să faci nimic important atunci când ești agitat. Nimic nu-ți iese. Atunci când mai ești în astfel de situații, ia-ți o pauză până începi să te simți bine. După ce bem un ceai, trecem la treabă.

- Care este lecția care o învăț azi?

- O să vezi în curând, îi răspunde zâmbind dl M, descoperind o greșeală pe care Iulian a făcut-o în exprimare (*lecția care o învăț*).

- De-abia aștept!

- Gata ești să ne întindem aripile pentru încă o provocare a limbii române pe care o vom cuceri?

- Da!

- Perfect! Uite, tu, mai înainte, ai făcut o greșeală atunci când ai spus: „Care e lecția care o învăț azi?"

- Și cum e corect?

- „Care e lecția **pe care** o învăț azi?" Și aici vorbim de pronumele relativ „care".

Românii fac deseori această confuzie între *care* și *pe care*. Ca să-ți explic mai bine, o să folosesc doi termeni din gramatică, și anume subiect și complement direct.

Foarte importante sunt aici întrebările:

- *care* (subiect) răspunde la întrebarea: cine?, ce?

- *pe care* (complement direct) răspunde la întrebările: pe cine?, ce?

Îți dau și un exemplu:

> Copilul care a văzut ce s-a întâmplat.

Cine face acțiunea? - copilul (care a văzut și care îndeplinește funcția de subiect)

Cine a văzut? – copilul

> Copilul pe care l-am văzut este aici.

Cine face acțiunea? - eu (eu l-am văzut pe copil și care îndeplinește funcția de complement direct)

Pe cine am văzut eu? – pe copil

Și ca să-ți fie și mai ușor, îți mai dau un pont.

Atunci când folosești „pe care", o să observi mereu că după el urmează un pronume personal.

> Copilul pe care **l**-am salutat. (eu l-am salutat pe el, pe copil)
>
> Femeia pe care am salutat-**o**. (eu am salutat-o pe ea, pe femeie)
>
> Oamenii pe care **i**-am salutat. (eu i-am salutat pe ei, pe oameni)
>
> Fetele pe care **le**-am salutat. (eu le-am salutat pe ele, pe fete)

Aici, „pe care" înlocuiește, pe rând, „copilul", „femeia", „oamenii", „fetele", fiind complement direct și răspunzând la întrebarea: „pe cine?"

Propozițiile au deja un subiect – „eu".

> Copilul care a fugit. (cine a fugit? copilul)
>
> Femeia care a fugit. (cine a fugit? femeia)
>
> Oamenii care au fugit. (cine a fugit? oamenii)
>
> Fetele au fugit. (cine a fugit? fetele)

Aici, „care" înlocuieşte, pe rând, „copilul", „femeia", „oamenii", „fetele", fiind subiect şi răspunzând la întrebarea: „cine?"

Am ajuns la sfârşit. Adu-ţi aminte:

- ❖ Înainte să începi să creezi ceva, coboară în liniştea sufletului tău şi stai acolo până îţi calmezi mintea, iar respiraţia devine una cu bătăile inimii.

- ❖ Niciodată nu greşeşti pentru că niciodată nu termini treaba. Jocul literelor este infinit, iar tu poţi crea nenumărate opere de artă care conţin idei superbe pe care le poţi descoperi pe parcursul vieţii.

- ❖ În cazul lecţiei de gramatică, importantă este întrebarea: „Cine face acţiunea?"

Ziua a 13-a – Noi *înşine* ne construim lumea

Cu încă o unealtă descoperită în tolba cu secrete despre viaţă şi despre limba română, Iulian începe să-şi revină. Îşi aminteşte, atunci când este supărat, să respire profund, să numere de câte ori face asta pentru a ieşi din starea de tristeţe. Apoi îşi mută gândul în altă parte, la un lucru frumos şi vesel pe care-l observă.

- Am avansat mult de când îl ştiu pe dl M. Sunt foarte fericit. Mai am momente când cad, sunt dezamăgit de mine, dar acestea sunt foarte puţine. Dl M mă ridică, mă sprijină şi îmi dă libertatea de a face lucrurile cum vreau eu.

Sunt mai liniştit acum. Mai încrezător. Mă bucur mai mult. În fiecare zi, atunci când mă trezesc, simt cum viaţa mea are un sens şi visul meu prinde contur. Uneori, viaţa mi se pare frumoasă, alteori e ca o furtună. Dar am învăţat să o iubesc oricum, deoarece cu fiecare cuvânt învăţat şi cu fiecare vizită la dl M simt că trăiesc. Ies din mediul cu care eram obişnuit. Ştiu să mă ridic singur. Ştiu că în mine este o putere fără margini şi că lucrurile pe care eu le consider rele, de fapt, mă ajută să cresc, să am încredere în mine. Vreau şi sunt hotărât să las ceva valoros în urma mea. Iar cel mai valoros lucru pe care cineva îl poate face vreodată este propria lui creştere, descoperire.

Şi Iulian inspiră adânc, cu mulţumire şi recunoştinţă pentru minunata viaţă pe care a început-o.

- Bună ziua, dle M! Astăzi e o zi extraordinară, nu-i aşa?

- Bună ziua, Iulian! Îmi place atitudinea ta de învingător. Să o menţii cât mai mult timp posibil şi să o păstrezi în inimă pentru momentele când o să fii mai puţin vesel. Te va ajuta mult să-ţi revii doar gândindu-te la ziua de azi.

Şi acum... să ne bucurăm şi de secretele limbii române.

Azi îţi povestesc despre pronumele de întărire.

- Ce este pronumele de întărire? întreabă băiatul nerăbdător.

- După cum spunea o profesoară, Narcisa Forăscu, este „Pronumele care insistă, subliniază numele obiectului pe care-l înlocuieşte. În limba română actuală pronumele de întărire funcţionează numai ca adjectiv, stând pe lângă un substantiv sau un pronume: eu însumi, avocatul însuşi, dumneavoastră înşivă".

- Care este capcana aici?

- După ce îţi explic, o să înţelegi. Aici e foarte important genul, dacă e feminin sau masculin. Iar unii oameni fac această confuzie şi le amestecă.

Uite:

- Dacă eşti de sex masculin sau te referi la o persoană de sex masculin, scrii/spui aşa:

Eu însumi

Tu însuţi

El însuşi

Noi înşine

Voi înşivă

Ei înşişi

- Dacă eşti de sex feminin sau te referi la o persoană de sex feminin, scrii/spui aşa:

Eu însămi

Tu însăţi

Ea însăşi

Noi însene

Voi însevă

Ele înseşi/însele

- Dle M, pot să țin minte mai ușor toate astea?

- Da.

La masculin, la **singular**, te gândești la „îns" (+ u), iar la **plural** la „ins" (+ i)

Eu îns + umi

Tu îns + uți

El îns + uși

Noi înș + ine

Voi înș + ivă

Ei înș + iși

La feminin, la **singular**, te gândești la „însă/înse":

Eu însă + mi

Tu însă + ți

Ea însă + și

Noi înse + ne

Voi înse + vă

Ele înse + și/înse + le

La final, te rog, ține minte:

- ❖ Repetă zilnic ce ai învățat până acum, de la cuvinte până la zâmbet și respirație.

- ❖ La pronumele de întărire:
    - La masculin, singular: îns + u
    - La masculin, plural: îns + i
    - La feminin, singular: îns + ă
    - La feminin, plural: îns + e

Ziua a 14-a – Trebuiește sau trebuie?

Înainte ca băiatul să ajungă la dl M, acesta din urmă se bucură de timpul pe care-l petrece singur, scriind. Se așază la masă, cu fața spre fereastră, pentru ca natura să-l inspire, și începe să scrie.

Timpul a trecut fără ca bătrânul să-și dea seama și Iulian deja a intrat în casă.

- Bună ziua, dle M!

- Bună ziua, Iulian! Intră, te rog!

- Scrii ceva şi te-am întrerupt?

- Am terminat. Am stat în linişte şi mi-am adus aminte de lucrurile frumoase din viaţa mea. Sunt recunoscător pentru tot ce s-a întâmplat până acum.

- Şi cu ce te ajută asta?

- Mă ajută să fiu mai împăcat cu mine. Îmi eliberez mintea pentru a face loc şi altor momente de acest fel să vină. Nu vreau să fiu un roboţel care nu-şi dă seama când a trecut viaţa, ci vreau să savurez fiecare clipă. Îţi recomand şi ţie să faci acelaşi lucru. Aşa, sentimentul de bucurie va fi mereu cu tine şi vei simţi că toate zilele tale au fost trăite cu folos.

Iulian a rămas pe gânduri. Şi el făcea, odată, ceva asemănător fără să ştie că şi dl M scrie aceste lucruri. Uimitor cum suntem conectaţi şi avem inspiraţie, fără să ne cunoaştem măcar.

- Mă bucur tare mult că am văzut lucrul acesta, dle M! Şi eu am scris de câteva ori că sunt recunoscător însă credeam că sunt singurul care face asta.

Bătrânul zâmbeşte blând. Iulian este un copil care începe să-şi acceseze puterea interioară, chiar dacă nu ştie că asta face.

- Ce facem azi? întrebă nerăbdător băiatul.

- Azi îți spun despre un verb impersonal, „a trebui". În mod normal, nu ar fi probleme cu el, dar uite că nu-i așa. Oamenii au tendința să-l spună greșit.

Să vedem formele corecte. Avem așa:

A trebui – la timpul prezent, modul indicativ

Eu trebuie să plec.

Tu trebuie să pleci.

El/ea trebuie să plece.

Noi trebuie să plecăm.

Voi trebuie să plecați.

Ei/ele trebuie să plece.

A trebui – la timpul imperfect, modul indicativ

Eu trebuia să plec.

Tu trebuia să pleci.

El/ea trebuia să plece.

Noi trebuia să plecăm.

Voi trebuia să plecați.

Ei/ele trebuia să plece.

*forma „ei/ele trebuiau" a fost introdusă de curând în dicționar, fiind considerată și ea corectă, alături de „el/ea trebuia".

A trebui – forme impersonale

> Îmi trebuie caiete.

(cu sensul de am nevoie; nu folosi „trebuiesc")

> Lucrarea trebuie verificată de un specialist.

(este necesar să fie văzută de un specialist; nu folosi „trebuiește")

> Medicii trebuie să consulte pacientul.

(este necesar ca medicii să consulte pacientul; nu folosi „trebuiesc")

A trebui – la timpul perfect compus, modul indicativ

Eu a trebuit să plec.

Tu a trebuit să pleci.

El/ea a trebuit să plece.

Noi a trebuit să plecăm.

Voi a trebuit să plecați.

Ei/ele a trebuit să plece.

A trebui – la timpul viitor, modul indicativ

Eu va trebui să plec.

Tu va trebui să pleci.

El/ea va trebui să plece.

Noi va trebui să plecăm.

Voi va trebui să plecați.

Ei/ele va trebui să plece.

Înainte să te întorci acasă, aminteşte-ţi, te rog:

- ❖ Fii recunoscător pentru ce ai în prezent. Tot ce vrei tu în viitor va veni uşor, starea de mulţumire din prezent amplificându-se, fiind baza dorinţelor tale.
- ❖ Nu folosi **niciodată „trebuiesc" sau „trebuieşte"**.

Îţi mulţumesc şi îţi sunt recunoscătoare pentru că ai ajuns până aici cu lectura, pentru interesul şi susţinerea ta.

Felicitări! Tot ce înveţi din această carte este meritul tău, este un premiu pentru curiozitate!

Ziua a 15-a – Cel care vrea să ~~aibe~~ carte să citească

În afară de lecţiile cu dl M, Iulian merge în fiecare zi prin sat să lucreze unde este nevoie de el pentru a-şi câştiga pâinea de zi cu zi. De când a descoperit o altă perspectivă a vieţii, copilul a început să urască faptul că este nevoit să-şi caute de lucru prin vecini.

Deseori este nervos, trist şi obosit. În această stare vine azi la dl M care l-a întrebat ce s-a întâmplat.

- Şi azi am lucrat, dle M! M-am săturat. Nu mai vreau să fac asta.

- Copile drag, tu te pregăteşti înainte să mergi la treabă?

- Cum adică să mă pregătesc? Mă trezesc, mănânc şi apoi plec.

- Îmi permiţi să-ţi dau o sugestie?

- Desigur.

- După ce deschizi ochii, nu sări imediat din pat. Mai stai câteva minute şi creează-ţi ziua.

- Cum fac asta?

- Înainte de a te apuca de orice treabă, spune-ți în gând cum vrei să te simți făcând acel lucru. Nu cum va fi, ci cum te vei simți: vezi părțile bune din ceea ce vei face.

Tu mergi să cauți de lucru printre vecini. În loc să te duci supărat, nervos, te poți gândi că asta este încă o zi din viața ta pe care o vei petrece așa cum vrei tu. Ai încă o ocazie să zâmbești soarelui (chiar dacă nu-l vezi pe cer, fii sigur că se află dincolo de nori), să-ți saluți vecinii, să te interesezi ce mai fac, cu ce poți să-i ajuți.

- La asta nu m-am gândit. Am să încerc să fac cum ai zis. Mulțumesc. Azi ce facem la limba română?

- Azi ne ocupăm de un verb: a avea. Mai bine zis, de formele „*să aibă/să aibe*".

Iar dl M începe să scrie:

A avea (la modul conjunctiv, timp prezent – îl recunoști datorită conjuncției *să*)

Eu să am

Tu să ai

El/ea să aibă

Noi să avem

Voi să aveți

Ei/ele să aibă

La persoana a III-a, singular și plural, formele sunt la fel, *să aibă*.

Greșeala care se face în acest moment este următoarea: din neglijență, unii oameni spun *„să aibe"*.

Să aibe **nu** există.

Mai este o variantă pe care o folosesc unele persoane: *să aivă*. Este o formă veche, arhaică, și nu mai este folosită azi.

Așadar, copile drag, amintește-ți:

- ❖ Înainte să faci orice, petrece puțin timp cu tine, imaginează-ți și simte deja cum o să te simți atunci când pleci la treabă.
- ❖ **Singura formă** pe care o poți folosi este **„să aibă"**.

Ziua a 16-a – „A vroi" nu există, ci a vrea

Iulian începe să pună în practică ce a învățat de la dl M. Azi nu mai sare din pat, ci stă cu ochii închiși cinci minute. Mintea îl ceartă și-i spune: „Hai! Hai! Sus! Nu ai timp să stai!" Cât de puternic să fie micuțul și să mai stea cinci minute în pat atunci când mama lui îl ceartă? Și, totuși, stă. La început, parcă îl ard tălpile, iar picioarele vor să plece singure. Inima îi bate cu putere. E prima dată când face asta și nu știe ce se întâmplă.

Pentru că tot este agitat, își amintește să-și creeze ziua. Cu ochii închiși, așteaptă până bătăile inimii se armonizează cu respirația. Și și-o imaginează pe mama lui zâmbind, se gândește la vecinii lui cum îi zâmbesc în semn de recunoștință că i-a ajutat, apoi își spune: „Azi mă distrez făcând treabă".

Cu această stare, Iulian trece prin toate provocările, cu gândul la lecția cu dl M. Începe să simtă savoarea învățării limbii române.

- Bună ziua, dle M!

- Bună ziua! Ce mai faci?

- Minunat! Ți-am adus un cadou, și începe să zâmbească larg, luminându-i-se chipul.

- Ce cadou?

- Zâmbetul meu din toată inima, dle M!

Ochii bătrânului se umezesc, îl ia pe băiat în braţe şi-l ţine preţ de câteva minute lângă el.

- Hai la treabă, copile! Azi mai descoperim un verb. Ştii, oamenii sunt tare jucăuşi. Le place să amestece cuvintele, literele, până când nu mai ştiu nici ei de unde au plecat.

Azi vine rândul verbului „voiam". În prezent, circulă două forme, una corectă şi cealaltă greşită, însă puţini ştiu secretul.

Ca să înţelegi, îţi povestesc de două verbe:

a vrea şi a voi

Şi dl M începe să scrie, la imperfect, conjugarea pentru verbul *a vrea:*

Eu vream

Tu vreai

El/ea vrea

Noi vream

Voi vreaţi

Ei vreau

Apoi face la fel cu verbul *a voi:*

Eu voiam

Tu voiai

El/ea voia

Noi voiam

Voi voiați

Ei/ele voiau

- Știi care e forma pe care mulți oameni o folosesc azi?

Și Iulian făcu ochii mari, nerăbdători:

- Vroiam. Care este un amestec între a vrea și a voi.

- Și atunci care este **forma corectă**?

- eu voiam, tu voiai, el/ea voia, noi voiam, voi voiați, ei/ele voiau

- Mulțumesc! E ușor de înțeles. Ce bine, acum mai știu ceva!!!

Iulian, înainte să pleci, adu-ți aminte:

- ❖ Atunci când te lași condus de inimă, vei simți o putere și o căldură interioară imensă, iar tu vei trece de toate obstacolele.

❖ Ca să ții minte mai ușor cum să spui corect, doar scoți litera „r".

Ziua a 17-a – Mi-ar ~~place~~ dacă ai ~~tace~~

Potențialul unui om e infinit. Doar că el nu știe asta. Aripile cu care suntem înzestrați sunt mereu cu noi, însă fie nu știm, fie simțim frică, fie permitem altor persoane să ni le țină strânse. Nimeni nu poate să ni le taie. Pentru că sunt ale noastre, cu ele ne-am născut, cu ele trăim și oricând putem să le folosim.

Cu gândul acesta dl M îl întâmpină pe Iulian.

- Bună ziua, copile!

- Bună ziua, dle M! spune copilul posomorât.

- Ce s-a întâmplat?

- M-a certat mama și mi-a zis să nu mai vin la tine, răspunde Iulian cu ochii în lacrimi.

- Și tu ce i-ai zis?

- Nu i-am zis nimic. Am ieșit pe ușă și am venit încoace.

Dl M îl îmbrățișează îndelung pe Iulian și îl întreabă:

- Tu cât de mult crezi în tine?

- Acum cred din ce în ce mai mult. Pe zi ce trece văd cum viața mea se schimbă și simt cum capăt putere.

- Puterea aceasta mereu este cu tine. Uneori, noi, oamenii, o ținem ascunsă. Sau nici nu știm că o avem. Ne uităm cu invidie la alții, căutăm la alții ceea ce deja este în noi.

Gândește-te o clipă: mai știi cum erai în prima zi când ai venit la mine? Și observi cum ești acum? Bucuros, mai încrezător, nerăbdător să înveți. Ai mai multă încredere în tine.

- Acum am mai multe informații decât înainte.

- Și da, și nu. Acum ai trecut peste niște obstacole. Ți-ai dovedit ție însuți că poți, deși mediul în care ai crescut nu-ți este favorabil. Pur și simplu, îi zâmbești vieții și ea îți zâmbește înapoi. Înainte, uneori, doar ea îți zâmbea, numai că tu nu observai. Acum ești mai atent cu darul pe care-l porți în tine și pe care-l simți și cu darul pe care-l vezi cu ochii. Iar asta se numește viață.

Nu-ți da puterea nimănui, oricine ar fi. Tu ești singurul care știe ce-i mai bine pentru tine. Ceilalți pot face doar presupuneri sau îți transmit ce cred ei că e bine pentru tine.

Oricine te-ar certa, tu să ai mereu încredere în tine. Ia-ți puterea înapoi de la ceilalți. Înăuntrul tău este un suflet care vrea să fie iubit. Nu-i lăsa pe ceilalți să-ți răpească viața și bucuria.

- Dle M, cum știu ce e bine pentru mine?

- Atunci când te bucuri și te simți bine, deși cei din jur îți spun altceva. Atunci când simți entuziasm, siguranță, încredere în tine. Dacă, în schimb, inima ți se strânge, simți un gol în interiorul tău și ai o senzație de rău... pleacă. În tine stă decizia ce alegi.

- Ce lecție frumoasă am învățat azi! Mi-ar place să fiu așa încrezător mereu.

- Ei, și așa am ajuns și la lecția de gramatică. Sunt mai multe cuvinte pe care românii le spun greșit. Iar unul dintre ele este verbul „a plăcea".

Și dl M scrie cu atenție o listă cu verbe pe care Iulian să le folosească în mod corect, asemănătoare cu cele de tipul „a plăcea":

Greșit	Corect
a place	**a plăcea** (noi plăcem, voi plăceți) – cu „ă" ca la infinitiv
a displace	**a displăcea** (noi displăcem, voi displăceți) – cu „ă" ca la infinitiv
a pare	**a părea** (noi părem, voi păreți) – cu „ă" ca la infinitiv
a apare	**a apărea** (noi apărem, voi apăreți) – cu „ă" ca la infinitiv
a dispare	**a dispărea** (noi dispărem, voi dispăreți) – cu „ă" ca la infinitiv
a tace	**a tăcea** (noi tăcem, voi tăceți; tăceți! (imperativ) – cu „ă" ca la infinitiv

a cade	**a cădea** (noi cădem, voi cădeți) – cu „ă" ca la infinitiv
a scade	**a scădea** (noi scădem, voi scădeți) – cu „ă" ca la infinitiv
a încape	**a încăpea** (noi încăpem, voi încăpeți) – cu „ă" ca la infinitiv

Sunt câteva verbe pe care e bine să le știi atunci când îți vei scrie cartea.

Și îți dau și câteva exemple:

Mi-ar place să vin și eu. (greșit)

Mi-ar plăcea să vin și eu. (corect)

Revista va apare în curând. (greșit)

Revista va apărea în curând. (corect)

- Dle M, mă așteaptă mama!

- Știu. Însă adu-ți aminte înainte să pleci:

❖ Mai întâi, fii atent la modul cum te simți, apoi treci la fapte. Retrage-te și ascultă-ți inima. Ea mereu îți vorbește prin emoții.

❖ Verbele care se termină în „-ea" sunt următoarele, formele corecte fiind acestea: a plăcea, a displăcea, a părea, a dispărea, a tăcea, a cădea, a scădea, a încăpea.

În tăcere, Iulian se întoarce acasă. În tăcere, se poate cunoaşte pe el însuşi. Îşi ascultă bătăile inimii. Îşi ascultă respiraţia. Începe să simtă cum viaţa îi curge prin vene. Azi, pentru prima dată, observă că lângă casa lui sunt doi copaci, nu unul, şi că vecinul lui şi-a vopsit gardul cu verde.

Inspiră adânc şi intră în casă. Acolo... e linişte. Calmul din interiorul lui parcă se răsfrânge asupra a tot ce este în exterior.

Azi a fost o zi frumoasă. Începe să înţeleagă că are un rost în viaţă şi că puterea este în el. Nimeni nu i-o poate lua, doar el şi-o poate da de bunăvoie.

Ziua a 18-a – Lucrurile se *aşază* de la sine

Cu aceste gânduri s-a trezit Iulian dimineaţa. Acum savurează momentul liniştii şi al compasiunii. O priveşte din altă perspectivă pe mama lui care ţipă la el.

Totul poate fi privit din mai multe perspective. Fiecare om are propriul său adevăr şi se confruntă cu întunericul din interiorul lui.

De ce ţipă mama lui la el? Pentru că îi este frică. Este îngrijorată pentru el. Îl iubeşte în felul ei. Şi totul se schimbă. Iulian n-o mai priveşte cu ură atunci când îl ceartă. Tăcerea i-a şoptit să o iubească aşa cum este ea şi să-şi urmeze calea.

A ajuns cu paşi mărunţi la dl M care-l aşteaptă.

- Bună ziua, dle M!

- Bună ziua, Iulian!

- Azi continuăm treaba. Ce îmi mai spui despre limba română?

- Îmi place atitudinea ta. Încet, încet te apropii de tine.

Îţi prezint două verbe: a (se) aşeza şi a (se) înşela.

- Ce este în neregulă cu acestea?

- Formele la persoana a III-a, singular şi plural, sunt adesea greşite.

Hai să ne gândim la verbul „a cânta" (terminaţie zero la pers. I-a, singular – adică niciuna; iar la următoarele persoane avem aşa: -i, -ă, -ăm, -aţi, -ă).

eu cânt, tu cânţi, el/ea cântă, noi cântăm, voi cântaţi, ei/ele cântă

Iar dl M scrie pe foaie cele două verbe:

A (se) aşeza	A (se) înşela
Eu (mă) aşez (terminaţie zero)	Eu (mă) înşel (terminaţie zero)
Tu (te) aşezi (-i)	Tu (te) înşeli (-i)
El/ea (se) aşază (-ă)	El/ea (se) înşală (-ă)
Noi (ne) aşezăm (-ăm)	Noi (ne) înşelăm (-ăm)
Voi (vă) aşezaţi (-aţi)	Voi (vă) înşelaţi (-aţi)
Ei/ele (se) aşază (-ă)	Ei/ele (se) înşală (-ă)

La persoana a III-a, singular şi plural, formele sunt identice.

-el/ea ; ei/ele (se) aşază

- Mulțumesc mult! Sunt recunoscător pentru tot ce îmi spui.

- Cu mult drag, Iulian! Și eu îți mulțumesc pentru că îți dorești să înveți.

Înainte să pleci, amintește-ți:

- ❖ În tăcere afli multe despre tine.
- ❖ Formele corecte ale celor două verbe, la persoana a III-a, singular și plural, sunt: el/se (se) așază; ei/ele (se) așază și el/ea (se) înșală; ei/ele (se) înșală.

Ziua a 19-a – Se merită să risc?

Gândurile lui Iulian încep să se limpezească. Stă câteva minute pe banca din fața casei lui, cu ochii în soare, și meditează la ce s-a întâmplat. Cu fiecare zi care trece este din ce în ce mai bine. Este împăcat cu gândul de a risca pentru a fi ceea ce vrea. Iar asta îi dă liniște, siguranță și încredere, deși viața lui s-a schimbat foarte mult, este multă agitație în jur pentru că ceilalți nu înțeleg ce s-a întâmplat. În schimb, în interior, e pace și mulțumire.

Acum este nerăbdător să ajungă la dl M pentru a învăța ceva nou.

- Bună ziua, dle M!

- Bună să-ți fie inima, copile!

- Azi sunt fericit. Mă simt tare bine. Sunt bucuros că m-am riscat pentru ceva ce se merită, pentru visul meu.

Dl M îi strânge cu putere mâna, bărbătește, și-i spune cu un ton blând:

- Sunt mândru de tine. Și dacă tot te-am auzit vorbind mai înainte, știu și ce îți spun azi. E foarte ușor, cheia e să știi.

Îți povestesc puțin de verbele reflexive (verb care este însoțit de pronumele reflexiv). Pentru a forma un verb reflexiv, ai nevoie de un pronume reflexiv care se recunoaște foarte ușor:

Pronumele reflexiv înlocuiește obiectul asupra căruia se exercită în mod direct sau indirect acțiunea unui verb și are următoarele forme, în două cazuri (acuzativ și dativ):

Ac.: pe sine, se, s-

Se îmbracă și pleacă.

(Acțiunea pe care o face se răsfrânge tot asupra lui. El se îmbracă pe el.)

D.: sieși, sie, își, și-

> Doctorul **și**-a spălat mâinile și a intrat în operație.

(El și-a spălat mâinile lui.)

- Și unde este problema? întreabă Iulian curios.

- Problema este la câteva verbe pe care românii le folosesc greșit.

A se râde

(în această formă, ar însemna să râdă de el însuși)

A se merita

(în această formă, ar însemna să se merite pe el însuși)

A se risca

(în această formă, ar însemna să se riște pe el însuși)

Greșit	Corect
A se râde (eu mă râd, tu te râzi, el/ea se râde, noi ne râdem, voi vă râdeți, ei/ele se râd	Eu râd (eu râd, tu râzi, el/ea râde, noi râdem, voi râdeți, ei/ele râd)
A se merita (se merită)	A merita (merită)
A se risca (eu mă risc, tu te riști, el/ea se riscă, noi ne riscăm, voi vă riscați, ei/ele se riscă)	A risca (eu risc, tu riști, el/ea riscă, noi riscăm, voi riscați, ei/ele riscă)

> Eu mă râd de el. (greșit)
>
> **Eu râd de el. (corect)**

> Nu se merită să-l cumperi. (greșit)
>
> **Nu merită să-l cumperi. (corect)**

> Te riști și participi la concurs. (greșit)
>
> **Riști și participi la concurs. (corect)**

- Ce simplu este! Mulțumesc!

- Cu plăcere, dragul meu! Uite, azi ai mai pus o cărămidă la fundația ta în ceea ce privește limba română.

Aminteşte-ţi mereu:

- ❖ La început, atunci când te hotărăști să schimbi ceva în viața ta, cei din jur nu vor înțelege și se va isca furtuna. Însă tu menține-ți starea de calm și lucrurile vor fi la fel în exterior aşa cum sunt şi în interiorul tău.

- ❖ Se spune **întotdeauna** „**râd, merită, risc**". Nu există formele „mă râd, se merită, mă risc".

Ziua a 20-a - Vreau şi eu un acord, te rog!

Iulian se confruntă în acest moment cu un conflict interior care-l macină. Pe de o parte, se gândeşte la grijile sale, pe de altă parte, vrea să-şi păstreze starea de linişte. Cum poate să împace şi capra, şi varza?

Cum poate fi el tot timpul? La asta se gândeşte copilul în timp ce dl M îi pregăteşte ceaiul.

- Dle M, cum pot fi eu mereu?

- Adică autentic?

- Ce cuvânt frumos avem în limba română! Autentic. Da, cred că da. Aşa.

- Starea aceasta vine din relaxare. Imaginează-te pe tine în situaţia în care eşti, deocamdată, de conflict. Nu poţi fi autentic în momentul în care te gândeşti mai mult la alţii decât la tine. Nu poţi fi autentic în momentul în care te opui stării tale de acum. Tu vrei să-ți urmezi calea însă vrei să-i împaci și pe ceilalți care sunt împotriva ta. Atunci când te vei alege pe tine, vei fi relaxat și împăcat, când nu-ți vei mai face griji, ci te vei bucura de tot ce ți se întâmplă, fiind conștient că și asta face parte din proces.

Munca ta nu se termină niciodată. Nu poți spune: am terminat. Acum îmi iau o pauză vreo 20 de ani să stau. Mereu se va întâmpla ceva. Și doar de tine depinde cum tratezi acel ceva. Mergi pe calea cea grea (începi să te plângi, să acuzi, să urăști, să te zbați, să-ți fie frică, să nu știi ce să faci, să fii disperat) sau pe calea cea ușoară (a venit, s-a întâmplat, mă dau un pas înapoi și văd ce simt, cum rezolv? Din starea de victimă sau din starea de creator, tratând tot ce se întâmplă cu bucurie, cu calm și cu sentimentul că sunt în siguranță orice s-ar întâmpla, fiind conștient că totul este trecător)?

E ca și cum ai face un fel de acord cu sufleţelul tău, cu ființa din interiorul tău. Ea te ghidează, tu ai încredere în ea.

- Un cuvânt-cheie. Acord! O să-l țin minte. Dle M, este acord și în limba română?

- Oh, da! Este. Hai să ieșim puțin la aer, să simțim natura. Apoi ne întoarcem cu forțe proaspete.

Acum, că am auzit cum ne cântă și ne încântă natura, să continuăm călătoria lingvistică.

- Acordul, dragul meu, este potrivirea în formă dintre două cuvinte.

Să-ți dau exemple:

> Ei merg acasă după examen. (corect)
>
> Ei ~~merge~~ acasă după examen. (greșit)

- Vezi? Subiectul (ei) se acordă cu predicatul (merg).

> Condițiile de trai sunt diferite de la o persoană la alta. (corect)
>
> Condițiile de trai ~~este~~ diferite de la o persoană la alta. (greșit)

- Atunci când vrei să fii politicos și vrei să vorbești cu respect cu cineva, folosind pluralul politeții, iată cum procedezi (și aici este o regulă):

<u>Se pune la plural numai verbul copulativ sau participiul trecut care intră ca element component în structura predicatului.</u>

> Sunteți **amabil** să-mi spuneți unde este întâlnirea? (corect)
>
> Sunteți ~~amabili~~ să-mi spuneți unde este întâlnirea? (greșit)

> Sunteți **invitat** și d-voastră la eveniment. (corect)
>
> Sunteți ~~invitați~~ și d-voastră la eveniment. (greșit)

- Apoi, și băiatul ciuli urechile, mai este o situație. Unii ar numi-o capcană și-i înțeleg. Tentația este prea mare, însă regula este regulă.

Avem verbul „**a fi**" care, într-un anumit context, se folosește ca fiind **unipersonal, invariabil** (adică are doar **o singură formă**) – ca auxiliar de modalitate (verb ajutător; verbul modal este mereu urmat de un alt verb) la imperfectul indicativului, urmat de un alt verb la conjunctiv prezent (verb precedat de conjuncția „să").

Greșit	Corect
(eu) eram să cad	(eu) era să cad
(tu) erai să cazi	(tu) era să cazi
(voi) erați să cădeți	(voi) era să cădeți
(ei/ele) erau să cadă	(ei/ele) era să cadă

Îmi place tare mult subiectul acesta. Îți pune mintea să gândească. Însă dacă îți imaginezi că e amuzant, dacă îți imaginezi că gramatica este ca un oraș mare unde sunt oameni care se plac sau nu, care se atrag sau se resping sau care se adună ca strugurii pe un ciorchine, având aceleași interese, înveți ușor și într-un mod plăcut.

Vorbind de oameni care se atrag, există și acord prin atracție. Unele cuvinte sunt atrase ca un magnet de altele însă fără să știe că nu sunt atrase de cele potrivite lor.

„Când un cuvânt nu se acordă cu termenul pe care îl lămurește ori la care se referă, ci cu altul care se află mai aproape de el ori se impune mai mult atenției vorbitorului, avem de-a face cu ceea ce lingviștii numesc acord prin atracție." (Theodor Hristea, *Sinteze de limba română*)

Hai să ne lămurim cu niște exemple:

„Preferințele pentru cuvântul popular este un alt element comun celor doi scriitori."

(corect - sunt)

Nu știu care dintre colegii mei vor reuși să facă față provocării. **(corect - va)**

În aceste cazuri, la prima vedere, ai putea avea tendința de a face acordul cu acel cuvânt lângă care se află verbul cu pricina.

Atenție! Uită-te mereu la subiect. Cine face acțiunea?

> Preferințele... **sunt**... (nu *este*)
>
> Care (coleg)... **va** reuși... (nu *vor reuși*)

- Și acum îți mai spun un secret, zice bătrânul în șoaptă.

Îți dau câteva exemple:

> - **În ceea ce privește** oamenii din acest oraș, am numai cuvinte de laudă.

Nu se spune/se scrie niciodată „în ceea ce privesc", deși după aceea urmează un substantiv la plural pentru că acel substantiv nu este subiect, ci complement.

Verbul „a privi" se află mereu la persoana a III-a, singular.

> - **Ce-s** cu hainele acestea? (greșit)
> - **Ce-i** cu hainele acestea? (corect)

- **Ce-s** cu astea? (greșit)
- **Ce-i** cu astea? (corect)

Greșeala care se face constă în faptul că verbul „a fi" (-s, sunt; ce-s) se folosește la persoana a III-a, plural, în loc de persoana a III-a, singular.

Forma este în acest fel deoarece **subiectul** este pronumele interogativ „ce", cu **formă de singular**.

Apoi, mai este și acordul predicatului cu pronumele interogativ „cine".

- Cine m-a căutat? (corect)
- Cine m-au căutat? (greșit)

- Dle M, este ca și cum ai încerca să faci un puzzle și ai pune alături niște piese care nu se potrivesc.

- Excelent, Iulian! Chiar așa este.

Înainte să pleci, amintește-ți:

❖ Autenticitatea vine din starea de relaxare. Fii tu bine mai întâi, apoi vei fi împăcat și cu ceilalți.

❖ Atunci când ai de-a face cu un acord, uită-te cu atenție la subiect, la cine face acțiunea. Apoi, dacă tratezi gramatica precum ceva viu, un oraș în care oamenii se atrag și se resping, ca piesele de puzzle, îți va fi mult mai ușor să te joci cu cuvintele.

Ziua a 21-a – Când substantivele stau ca niște struguri pe ciorchini (subiect multiplu)

Iulian, încurajat de bătrân, începe să-și dea voie să fie fericit. Starea aceasta a fost mereu înăuntrul lui, doar că nimeni nu i-a spus, iar el nu a avut un model să-i arate.

Nu poți să ceri de la cei din jur ceva ce ei nu cred că au. De aceea, oamenii veseli, încrezători, iubitori sunt importanți în viața fiecăruia. Ei îți arată partea frumoasă din tine.

- Hai, copile drag, să continuăm cu acordul! Mai am multe să-ți spun.

Iulian începe să audă sunetele bătrânului ca pe niște note muzicale așezate pe portativ. Dulci, blânde și prietenoase.

- Să ne continuăm călătoria! zice Iulian entuziasmat.

- Perfect. Azi vorbim de subiectul multiplu.

Subiectul este partea principală de propoziție care arată cine face acțiunea.

> Băiatul mănâncă.

Cine face acțiunea? Băiatul – subiect.

Atunci când acest subiect este format din **mai multe elemente,** se numește **subiect multiplu**.

> Viorica și Viorel trec pe la noi.

Cine realizează acțiunea? Viorica și Viorel – subiect multiplu.

Predicatul (partea principală de propoziție care arată ce face, ce, cine sau cum este subiectul) se acordă mereu cu subiectul, în persoană și număr.

Așadar, începem. Este puțin mai provocator de data aceasta.

1. Elementele subiectului multiplu sunt la singular, dar participă în egală măsură la acțiune; predicatul este la plural:

> Fata, pisica și cățelul au plecat de-acasă.

2. Atunci când termenii, la singular, sunt legați prin fie, ori, sau:

a) Unul dintre elementele subiectului multiplu exclude pe celelalte, predicatul este la singular:

> Ion sau Maria este acasă? (sau unul, sau altul)

b) Nu se exclude un element din subiectul multiplu; acordul poate fi și la singular, și la plural. Sunt valabile ambele variante:

> Mama sau tata nu poate face nimic/nu pot face nimic să rezolve situația.

c) Atunci când termenii subiectului multiplu sunt legați prin conjuncția copulativă „și", de obicei, se face acord la plural:

> Andrei și Mihai au ajuns acasă.

Există excepții în situația coordonării copulative (atunci când este conjuncția „și"):

- dacă termenii subiectului multiplu se confundă din punct de vedere logic într-unul singur, arătând totuși același obiect sau noțiuni foarte apropiate, acordul se face la singular:

> Nimeni și nimic nu mă poate opri.

> Mama, și profesoara mea, m-a învățat română. (mama este și profesoara mea – o singură persoană)
>
> Mama și profesoara mea m-au învățat română. (sunt două persoane diferite)

3) Acordul poate întâmpina dificultăți atunci când avem predicat nominal cu nume predicativ adjectiv și depinde de felul și genul substantivelor care alcătuiesc subiectul multiplu:

- ✓ Substantive nume de ființe – masculin + feminin, unde masculinul are prioritate.

> Elevii și elevele din școala mea sunt premianți.

- ✓ Substantive nume de lucruri; acordul se face în mai multe feluri.

Subiectul este format din:

a) substantiv neutru + substantiv feminin (nu contează ordinea) = numele predicativ este la feminin, plural:

> Stiloul și cartea copilului sunt albe.

b) substantiv masculin + substantiv feminin

b1) substantivul masculin este la singular, iar numele predicativ este la feminin:

> Peretele și ușa sunt curate.
>
> Peretele și ușile sunt curate.

b2) substantivul masculin (element al subiectului multiplu) este la plural, predicatul se acordă cu cel mai apropiat:

> Pereții și ușa sunt curate.
>
> Ușa și pereții sunt curați.

c) substantiv masculin la singular + substantiv neutru (indiferent de număr), iar numele predicativ este la neutru plural (se acordă cu substantivul la neutru):

> Peretele și scaunul sunt albastre.
>
> Peretele și scaunele sunt albastre.

d) substantivul masculin este la plural, cel neutru la singular, iar numele predicativ este la masculin:

> Pereții și scaunul sunt albaștri.
>
> Pereții și scaunele sunt albaștri.

e) dacă substantivul masculin este la plural și cel neutru la plural, predicatul se acordă cu cel mai apropiat:

> Pereții și scaunele sunt albastre.
>
> Scaunele și pereții sunt albaștri.

✓ Nume de ființe și de lucruri, unde important este genul numelui de ființă:

> Băiatul și cartea sunt buni prieteni.

- Asta e foarte greu, zice Iulian! Cum o să țin minte toate astea?

- Ți-am pregătit o schiță. Da, e puțin mai complicat, secretul este să faci exemple proprii ca să ții minte.

Nume de ființe: masc. + fem. ; masc. + n -> masc.

Nume de lucruri:

n + fem. -> fem.

masc. sg. + fem. (sg./pl.) -> fem. pl.

masc. pl. + fem. (sg./pl.) -> genul subiectului mai apropiat

masc. sg. + n (sg./pl.) -> neutru

masc. pl. + n sg. -> masc.

masc. pl. + n pl. -> genul subiectului mai apropiat

- Și nu am terminat, spune dl M. Mai ai puțină răbdare.

4) În cazul în care termenii subiectului multiplu sunt la persoane diferite, ce alegem?

- persoana a II-a are prioritate față de persoana a III-a

> Tu și el n-ați vorbit niciodată.

- persoana I are prioritate față de celelalte două persoane:

> Și noi, și voi plecăm în excursie.
>
> Mara și cu mine venim imediat.
>
> Nici eu, nici tu nu ajungem la timp.

5) Atunci când avem coordonarea adversativă (nu... ci), acordul se face cu termenul introdus de „ci":

> Nu tu, ci ea a venit.
>
> Nu ei, ci numai el a venit.

Gata pe azi. A fost o zi frumoasă. Cu multe lucruri noi, provocatoare și interesante.

Înainte să pleci, hai să ne plimbăm puțin, să-ți întărești legătura cu natura. Ai consumat multă energie.

Copilul îl întreabă cu un glas temător:

- Dle M, când o să învăț eu toate astea?

- Îți creezi singur o stare de panică, de tristețe. Lucrurile se așază cu timpul. Înainte să te apuci de învățat, îți poți spune în gând că tu deja știi lucrurile acestea și acum le repeți. Astfel, îi dai de înțeles minții tale că e ușor să faci asta și că nu e cazul să-ți creezi o stare proastă pentru atât. De fapt, nimic nu merită să-ți creezi o stare de disconfort, în care te simți rău.

Și acum du-te acasă. Te așteaptă ai tăi. Mâine facem ultima parte din lecția cu acordul.

În ziua următoare, Iulian a rămas acasă. Aude în minte cuvintele bătrânului despre faptul că ar putea să nu se mai gândească la greutatea învățatului, ci că deja știe, e ușor.

Lucrurile învățate de la dl M sunt pe dos față de ce știa el și duce mâinile la ochi pentru a vedea mai bine realitatea pe care și-o imaginează el, nu pe cea în care este deja.

Stând pe pat, sub plapumă, copilul se întreabă:

- Cum mă simt?

- Bine, își răspunde. Simt entuziasm... mă bucur că dl M mă apreciază și mă simt iubit... acum îmi place să mă plimb... am mai multă încredere... deși lucrurile se complică în limba română, eu simt că sunt pregătit pentru ce va veni... pot să mă concentrez mai bine... simt bucurie și recunoștință pentru tot, chiar și pentru patul în care dorm... știu că pot să mă liniștesc singur. Uneori e așa de bine în viața mea! E ca și cum într-o zi de iarnă ai intra în casă unde miroase a ceva bun, iar ceaiul e pregătit, cald, aburind, aromat, îmbietor. Sau ca și când ai face mișcare, tot corpul se simte bine și nimic nu ar mai conta: sunt eu acolo, cu toată ființa mea, țopăi, râd, mâinile se mișcă precum simt.

Așa mă simt uneori. Am plecat la drum cu un vis măreț și am ajuns să mă simt eu un om măreț. Și alături de această stare de bine crește și visul meu, fără să-mi fac eu însumi rău, fără să cad în deznădejde. Măreția și împlinirea visului pleacă din interiorul meu.

Tot efortul din exterior este zadarnic atât timp cât eu sunt fricos, agitat, supărat, trist, nervos, invidios, disperat.

Ce va ieși din mâinile mele va fi la fel.

Ziua a 22-a – O mulțime de oameni <u>a/au</u> venit (subiect colectiv)

Cu un mers vioi, de parcă cineva l-ar trage cu o sfoară, Iulian ajunge la dl M. Cu inima ușoară, după evaluarea pe care și-a făcut-o în ziua precedentă, copilul întreabă nerăbdător:

- Bună ziua, dle M! Cum te simți azi? Nu-i așa că e o zi minunată?

Bătrânul are o strălucire în ochi, furnicături în tot corpul și pare că nu aude bine, mirat fiind.

- Mă simt excelent, Iulian! Și azi soarele mi-a zâmbit, iar eu am vorbit cu floarea roșie din geam cu parfum înțepător și cu petalele fine ca mătasea. Tu cum te simți?

- În fiecare zi mă simt din ce în ce mai bine. Să continuăm cu acordul, în timp ce eu îmi relaxez mușchii creierului ca să intre informațiile printre neuroni, zice copilul râzând.

Toată casa s-a umplut de veselie, râsete, glume și litere.

- Vezi tu, Iulian, un subiect poate fi exprimat printr-un *substantiv cu sens colectiv de tipul: echipaj, familie, grup, grămadă, echipă, popor, lume, țărănime, muncitorime, roi, card, stol etc.*

În acest caz, acordul se face, fără dubiu, la singular.

Echipajul a venit repede.

Familia lui este unită.

Grupul acesta este cel mai bun.

Grămada de frunze a luat foc.

Acesta este un punct de vedere.

Din altă perspectivă, atunci când subiectul colectiv este un substantiv care exprimă o cantitate (mulțime, majoritate, parte, jumătate etc.), acordul este de două feluri:

Dacă după aceste cuvinte (care exprimă cantitatea) urmează un **substantiv la plural, acordul** este uneori prin atracție cu acel substantiv **la plural**. În acest caz, elementele mulțimii sunt în mod clar scoase în evidență.

> O mulțime de **oameni au venit.**

Pe de altă parte, dacă acel **substantiv la plural lipsește**, se pune **accentul pe grup**, pe substantivul care exprimă **colectivitatea**, iar **acordul se face la singular.**

> Grupul de turiști a ajuns. (unitate, ideea de grup)

Uite și alte exemple:

Într-o scrisoare sosită la redacția noastră se aduceau la cunoștință o serie de abateri.

{ O parte dintre elevi au venit.
Câțiva elevi au venit.

{ O mulțime de furnici au intrat în casă.
Multe furnici au intrat în casă.

Majoritatea copiilor aveau ochelari.

O sută de foi nu ajung.

Foile în număr de o sută nu ajung.

În ceea ce priveşte „majoritatea", sunt mai multe păreri, însă eu consider că acordul la plural este cel mai potrivit. Arată cantitatea şi poate fi înlocuit cu „mulţi".

Să mă gândesc la nişte exemple în care o situaţie este văzută din ambele perspective şi la plural, şi la singular:

{ Majoritatea oamenilor sunt bruneţi.
  Majoritatea oamenilor este brunetă.

{ Pe majoritatea colegilor i-am revăzut după zece ani.
  Pe majoritatea colegilor am revăzut-o după zece ani.

- Gata şi cu acordul, Iulian! Acum îţi sugerez să iei o pauză. Îţi va face bine, mintea ta se va linişti, iar informaţiile vor deveni mai clare.

Aminteşte-ţi înainte să pleci:

❖ Cu atitudinea asta calmă şi încrezătoare poţi face tot ce vrei tu. Cu uşurinţă. Vorbeşte cu tine cu iubire, înţelegere şi cu entuziasm. Fii blând cu tine. Şi vei vedea ce îţi vei răspunde.

❖ Atunci când te referi la un grup ca la un tot unitar, faci acordul la singular.

- ❖ Atunci când vrei să scoți în evidență elementele mulțimii, faci acordul la plural.

Ziua a 23-a – Învață să faci un acord în cruce (copil a cărui mamă)

Zilele trec într-un mod armonios pentru Iulian. Repetă ce a descoperit împreună cu dl M despre el, despre un nou stil de viață, despre limba română. Este mulțumit, încântat și încrezător. Fiecare zi este o surpriză pentru el, iar atmosfera familială s-a mai calmat pentru că și el are o atitudine mai calmă. Face totul cu bucurie, iar ai lui sunt încântați. Cred că băiatul lor s-a liniștit, s-a așezat și a renunțat să viseze. De cealaltă parte a baricadei, nu era deloc așa, însă copilul nu știa deocamdată să le explice. Doar s-a schimbat și e mai fericit. Iar fericirea poate fi înțeleasă în multe feluri.

- Bună ziua, dle M!

- Bună ziua, Iulian!

- Ce învățăm azi?

- Și azi îți povestesc ceva despre acord. Mi-am amintit că mai există ceva. Este vorba despre acordul în cruce sau încrucișat.

- Acord în cruce?! şi Iulian face ochii mari.

- Da, exact. Îţi explic acum.

Şi bătrânul îi scrie pe o foaie veche, ce pare a fi rămasă din timpul când încă îi mai scria scrisori iubitei lui, deoarece era uşor colorată şi parfumată. Ceea ce azi ar putea fi considerat boem. Sau învechit.

- femeie *al* cărei *câine* a fugit - femeie se acordă cu cărei (sg, fem), *al* se acordă cu *câine* (sg., masc.)

- femeie *ai* cărei *câini* au fugit - femeie se acordă cu cărei (sg., fem.), *ai* se acordă cu *câini* (pl., masc.)

- femeie *a* cărei *pisică* a fugit - femeie se acordă cu cărei (sg. fem.), *a* se acordă cu *pisică* (sg., fem.)

- femeie *ale* cărei *pisici* au fugit - femeie se acordă cu cărei (sg., fem.), *ale* se acordă cu *pisici* (pl., fem.)

- <u>bărbat</u> *al* <u>cărui</u> *câine* – <u>bărbat</u> se acordă cu <u>cărui</u> (sg., masc.), *al* se acordă cu *câine* (sg., masc.)

- <u>bărbat</u> *a* <u>cărui</u> *pisică* – <u>bărbat</u> se acordă cu <u>cărui</u> (sg., masc.), *a* se acordă cu *pisică* (sg., fem.)

- <u>bărbat</u> *ai* <u>cărui</u> *câini* – <u>bărbat</u> se acordă cu <u>cărui</u> (sg., masc.), *ai* se acordă cu *câini* (pl., masc.)

- <u>bărbat</u> *ale* <u>cărui</u> *pisici* – <u>bărbat</u> se acordă cu <u>cărui</u> (sg., masc.), *ale* se acordă cu *pisici* (pl., fem.)

- <u>povești</u> *al* <u>căror</u> *cititor* – <u>povești</u> se acordă cu <u>căror</u> (pl., fem.), *al* se acordă cu *cititor* (sg., masc)

- <u>povești</u> *a* <u>căror</u> *cititoare* – <u>povești</u> se acordă cu <u>căror</u> (pl., fem.), *a* se acordă cu *cititoare* (sg., fem.)

- <u>povești</u> *ai* <u>căror</u> *cititori* – <u>povești</u> se acordă cu <u>căror</u> (pl., fem.), *ai* se acordă cu *cititori* (pl., masc.)

- <u>povești</u> *ale* <u>căror</u> *cititoare* – <u>povești</u> se acordă cu <u>căror</u> (pl., fem.), *ale* se acordă *cu cititoare* (pl., fem.)

- băieți *al* căror *tată* – băieți se acordă cu căror (pl., masc.), *al* se acordă cu *tată* (sg., masc.)

- băieți *a* căror *mamă* – băieți se acordă cu căror (pl., masc.), *a* se acordă cu *mamă* (sg., fem.)

- băieți *ai* căror *tați* – băieți se acordă cu căror (pl., masc.), *ai* se acordă cu *tați* (pl., masc.)

- băieți ale căror mame – băieți se acordă cu căror (pl., masc.), *ale* se acordă cu *mame* (pl., fem.)

(pl. = plural, masc. = masculin, sg. = singular, fem. = feminin)

Gata și cu acordul! Te las să te odihnești și să te bucuri. Ai mai învățat ceva azi.

- Mulțumesc, dle M!

Înainte să pleci, ține minte:

❖ Fericirea ta nu este și fericirea altuia, oricine ar fi el. Tu rămâi pe calea ta, chiar dacă poate nu e înțeleasă de ceilalți. Din moment ce te-ai descoperit și te-ai hotărât că așa vrei să fii, fă tot posibilul să stai în această stare care îți face plăcere. Un om poate fi schimbat numai prin exemplu, iar schimbarea nu este neapărat cea la care se așteaptă cei din jur.

- ❖ Acordul acesta este ușor. Ca să ții minte, te poți gândi la următorul lucru: ai patru elemente. Și le grupezi așa: 1 cu 3 și 2 cu 4.

Ziua a 24-a – Intuiție sau precizie? Alege între a, al, ai, ale

Nu cuvintele, luate separat, te învață ceva, ci experimentarea. Dorința lui Iulian este atât de puternică, încât se implică trup și suflet. De aceea crește așa frumos. De aceea își descoperă puterea interioară, chiar și cu riscul de a se face neînțeles de ceilalți. Dl M, ca orice profesor, are rolul de a da praful la o parte. Însă copilul este cel care experimentează. Fiecare zi se transformă într-o aventură, la sfârșitul căreia găsește încă o comoară. Îi este din ce în ce mai drag să trăiască și este recunoscător pentru tot. Chiar și pentru ceea ce nu îi plăcea înainte. Înțelege că pentru a avea ce visează ar fi bine să se bucure de prezent. Apoi toate celelalte o să vină.

Cu inima ușoară, bucurându-se de călătoria până la dl M, a ajuns la destinație.

- Bună ziua, dle M!

- Bună ziua! Cum te simți azi, Iulian?

- Minunat! Sunt încântat de tot ce se întâmplă, de tot ce descopăr. Mă simt ca un vânător de comori. Ce mai descopăr azi la limba română?

- Azi îți spun despre articolul posesiv sau genitival.

În lumea lingvistică, a celor care iubesc literele, se spune că „este articolul care, pe de o parte, apare ca element constant în structura pronumelor posesive și a numeralelor ordinale (de la 2 în sus) și, pe de altă parte, însoțește, în anumite condiții, adjectivele posesive și genitivul substantivelor și al pronumelor de diverse specii, marcând legătura cu substantivul sau adjectivul determinat". (Mioara Avram, *Gramatica pentru toți*)

Formele lui sunt: al, a, ai, ale.

Pentru că sunt patru forme, de multe ori acestea sunt confundate.

Să-ți dau un exemplu:

> **Căciula** este **a** bărbatului.

Întrebarea frecventă care se pune este următoarea: **cu cine se face acordul? Cu substantivul de dinainte sau cu cel care se află după articolul posesiv?**

Cu cel de dinainte.

- căciula (fem., sg.) – a (fem., sg.)

> **Fratele** mai mare **al** colegei mele este drăguţ.

- fratele (masc., sg.) – al (masc., sg.)

> Cei **doi** copii **ai** vecinei joacă tenis.

- copii (masc., pl.) – ai (masc., pl.)

> Cele **două** tablouri **ale** pictorului s-au vândut.

- tablouri (neutru, pl.) – ale (fem., pl.)

> Cele două **fete ale** unchiului au venit la mine.

- fete (fem., pl.) – ale (fem., pl.)

Pe lângă existența acestor patru forme, mai este o situație atunci când substantivul determinat nu este întotdeauna cel mai apropiat.

Lucrurile se complică atunci când genitivul, alături de care este articolul posesiv, este însoțit de un atribut substantival cu prepoziție, apărând astfel următoarea construcție: substantiv + substantiv cu prepoziție + substantiv (sau pronume).

Și avem două cazuri:

a) dacă atât substantivul cu prepoziție, cât și substantivul sau pronumele în genitiv sunt atributele primului substantiv, articolul posesiv se acordă în gen și număr cu primul substantiv.

> Câinele de vânătoare al bunicului. (al cui câine? al bunicului)

b) dacă substantivul sau pronumele în genitiv este atributul celui de-al doilea substantiv (atributul prepozițional al primului substantiv), articolul posesiv se acordă în gen și număr cu al doilea substantiv.

> Centrul de difuzare a presei s-a mutat. (a cui difuzare? a presei)

Aici lucrurile sunt destul de clare. Poți face verificarea astfel, luând fiecare termen în parte și văzând dacă se potrivește:

- câinele – bunicului

- vânătoarea – bunicului (?)

- centrul – presei (?)

- difuzarea – presei

Dar ce faci atunci când apare confuzia și cei doi termeni se potrivesc? Oamenii întreabă: care e corect? Depinde. Ambele forme pot fi bune, depinde pe ce pui accent și cum schimbă sensul evidențierea unui cuvânt în defavoarea altuia. Depinde foarte mult de context:

- modul de înțelegere al/a elevilor:

- **modul** de înțelegere **al** elevilor – se pune accent pe „modul", reliefând modul, felul în care elevii înțeleg

- modul de **înțelegere a** elevilor – se pune accent pe „înțelegere", scoțând în evidență capacitatea elevilor de a înțelege

În cazul în care întâlnești două genitive, articolul posesiv se pune înaintea fiecărui termen, începând cu al doilea:

Conducătorul proiectului și al firmei a demisionat.

S-a declarat împotriva plecării și a înlocuirii cu altcineva.

Există totuşi o excepţie, în sensul că articolul posesiv nu este necesar când „situaţiile în care genitivele formează o unitate, substantivele respective exprimând noţiuni identice sau strâns legate" (Mioara Avram): *Ministerul Educaţiei şi Învăţământului, predarea limbii şi literaturii române, proprietăţile sodiului sau natriului.*

Şi îţi mai dezvălui un secret: articolul posesiv nu poate apărea înainte de un numeral care nu este însoţit de „cel de", nici înainte de „ceea ce, câţiva, diferiţi, mulţi, numeroşi, puţini, toţi".

Forma care se foloseşte este **„a"**:

- membri **a două** grupuri (nu ai două grupuri)
- autor **a trei** cărţi (nu al trei cărţi)
- exemplu **a ceea ce** vrei să ilustrezi (nu al ceea ce)

Azi a fost o zi solicitantă şi frumoasă. Atunci când ajungi să-l înţelegi, articolul posesiv este chiar simpatic. Ia-ţi o pauză, astfel încât informaţiile să se aşeze şi tu fă ce-ţi place pentru a-ţi păstra starea de veselie.

Iar înainte să pleci, te rog, aminteşte-ţi:

❖ Tu eşti cel care face toată treaba. Tu eşti cel curios şi dornic să înveţe. Eu sunt doar un mesager al limbii române. Fii mândru de tine, apreciază-te pentru această călătorie și mulțumește-ți pentru decizia luată.

- ❖ În cazul articolului posesiv, fii atent la cuvântul la care se referă și ține minte că se acordă cu substantivul de dinaintea lui.

Îți mulțumesc și te felicit călduros pentru progresul făcut!

Ai trecut cu brio peste un capitol important și provocator al limbii române!

Ziua a 25-a – Jumătate dintre oameni au mâncat jumătate din prăjitură

Ai avut vreodată curiozitatea să numeri câte gânduri negative ai într-o zi? Dar gânduri pozitive? Ți se pare obositor?

În ultima vreme, cu asta s-a ocupat Iulian. Era foarte atent la ce gândea și se certa pentru cele care nu-i făceau bine.

- Dle M, tu ai vreodată gânduri urâte?

- Da. Toată lumea le are. Îți trebuie o putere foarte mare și mult antrenament să ai doar gânduri pozitive. Se poate, nu e imposibil, însă atât timp cât trăim pe acest pământ, viața ne dă provocări.

- Și ce faci în cazul acesta?

- Ai la îndemână mai multe variante. Fie te lași prins de ele, fie le observi, fie le schimbi imediat. Fără să te simți vinovat. Vina te cufundă și mai mult în butoiul cu starea negativă.

- Uneori mă simt așa fără să-mi dau seama și mă trezesc atunci când totul a luat amploare.

- Cel mai bine este să fii conștient de ce simți. Mereu. În fiecare clipă. Te poți și întreba din când în când: cum mă simt acum? În loc să ții evidența gândurilor, poți să simți pur și simplu ce emoții ai în interiorul tău. Dacă te simți bine și ai emoții pozitive, menține-ți starea și fii bucuros pentru ea. Dacă te simți rău, nu insista, nu amplifica emoțiile negative. Ai identificat-o, nu îți place, imediat fă ceva să o schimbi. Și poți face orice, în orice clipă: admiri natura, te joci cu un animal, îți așezi lucrurile, scrii, dansezi, asculți muzică. Orice, numai să îți revii. Și asta numai de tine depinde.

Te plimbi, vorbești frumos cu tine ca și cum ai vorbi cu un prieten drag. Cineva din exterior te poate ajuta să-ți arate ce alte opțiuni ai, în afară de a sta și a-ți plânge de milă. Însă nu poate pătrunde în interior.

- Minunat! Îmi este de mare ajutor ce mi-ai spus, dle M! Azi ce îmi mai spui despre limba română?

- Îți dezvălui două prepoziții între care se face confuzie:

Din și dintre

Din - se folosește atunci când te referi la o parte din întreg.

Dintre – se folosește atunci când separi unu/două/mai multe elemente dintr-o mulțime de elemente.

Noi vorbim acum de sensul partitiv.

Să-ți dau exemple:

> Maria este cea mai bună **din clasă**.

> Invitații au mâncat 60% **din prajitură**.

Însă

> 10% **dintre membrii** grupului nu sunt de acord.
>
> Jumătate **dintre oamenii** pe care-i cunosc au mașină.
>
> **Dintre noi doi**, tu ești cel talentat la desen.
>
> Maria este cea mai harnică **dintre ei**.

Poți să ții mai ușor minte așa:

a) **dintre** se folosește cu pluralul substantivelor/pronumelor/numeralelor

b) **din** precedă cuvinte la singular cu sens colectiv

a) În exemplele date, avem: membrii, oamenii, noi, ei -> substantive și pronume la plural.

Imaginează-ţi o grămadă de cinci creioane puţin împrăştiate. Tu iei unul dintre ele, din acea mulţime de creioane aşezate ici-colo.

b) Au mai rămas substantivele la singular: prăjitură (văzută ca un întreg), clasă (substantiv colectiv).

Acum imaginează-ţi o grămadă de cinci creioane strânse cu un elastic. Şi acum iei un creion din acea grămadă, însă ele tot apropiate rămân, strânse în elastic, formând un grup.

- Am înţeles, am înţeles, dle M! zice copilul bucuros.

- Mă bucur tare mult.

- Simt o satisfacţie mare că am priceput.

- E foarte bună starea ta. Menţine-o aşa.

Iar înainte să pleci, aminteşte-ţi:

- ❖ Fii atent la tine şi la cum te simţi. Fă-ţi un obicei din a vorbi frumos cu tine, cu iubire, orice s-ar întâmpla.

- ❖ Atunci când ai un substantiv/pronume/numeral la plural, foloseşti „dintre".

Atunci când ai un substantiv la singular, cu sens colectiv, care funcționează ca un întreg, folosești „din".

Poți face o paralelă cu lecția despre substantivul colectiv și mai ales cu exemplul în care am spus despre „majoritatea".

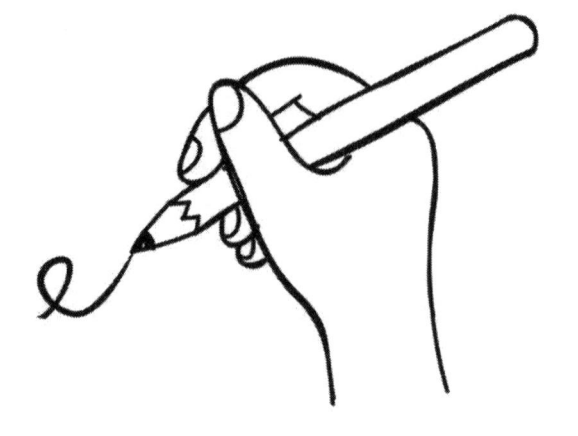

Capitolul 2
Greșeli care se fac în scris

Ziua a 26-a – Îmi aleg dreptul de a nu fi același/aceeași în fiecare zi

„În fiecare zi mă simt din ce în ce mai bine." Așa își începe Iulian fiecare zi. Iar asta nu înseamnă deloc faptul că toate zilele sunt la fel. Fiecare moment este unic și asta observă și el. Se bucură atunci când apare contrastul între ce este, de fapt, și ce vrea pentru că acest lucru îi aduce și mai multă claritate, îl ajută să-și dea seama ce vrea.

Deocamdată, totul pare calm. Însă uneori copilul își simte inima cât un purice. Simte cum i se strânge și nu știe de ce.

Azi ajunge la dl M cu întârziere.

- Bună ziua, dle M!

- Bună ziua, Iulian!

- Ce facem azi? întreabă copilul puțin absent.

Se simte o tensiune, iar bătrânul vrea să spargă balonul cu emoții care se pare că îl copleșesc pe băiat.

- La ce te gândești, Iulian?

- Aș vrea să-ți spun cum mă simt.

Dl M zâmbește. Iulian începe să-și lase mintea la o parte și să-și deschidă inima.

- Mâine îţi spun. Azi vreau să stau de vorbă cu mine.

- Este cea mai bună variantă. Doar tu ai putere asupra ta.

- Şi azi îţi povestesc despre pronumele şi adjectivul demonstrativ.

Aşa cum spunea un profesor al meu, „Pronumele demonstrativ este pronumele care înlocuieşte numele unui obiect, indicând totodată apropierea sau depărtarea obiectivului în spaţiu sau în timp, identitatea, diferenţierea sau asemănarea lui faţă de alte obiecte".

Adjectivele demonstrative au aceleaşi forme cu pronumele atunci când stau după substantivul articulat (casa *aceasta*, mărul *acesta*, copacul *acesta*).

- Şi care este capcana aici, dle M?

- Capcana constă în faptul că atunci când pronunţi, unele cuvinte se aud la fel, cu diferenţe foarte mici. Însă se scriu diferit şi au înţelesuri diferite. De aici confuzia.

Când spun asta, mă refer la pronumele/adjectivul demonstrativ de identitate care are următoarele forme:

> **masc., sg.** - același   **masc., pl.** - aceiași
>
>   aceluiași   acelorași
>
> **fem., sg.** - aceeași   **fem., pl.** - aceleași
>
>   aceleiași   acelorași

Atunci când te referi la cineva de sex masculin, folosești următoarele forme:

- (masc., sg.) **același**, **aceluiași (pui întrebarea a, ale, al, ai cui?)**

> A rămas **același** om bun ca acum zece ani când l-am cunoscut.
>
> I-am dat **aceluiași** om un pachet pentru mama.

- (masc., pl.) **aceiași**, **acelorași (pui întrebarea a, ale, al, ai cui?)**

> **Aceiași** bărbați m-au ajutat și ieri să car valizele.
>
> Le-am spus **acelorași** copii care mă deranjau și ieri să facă liniște.

În schimb, atunci când te referi la cineva de sex feminin, foloseşti următoarele forme:

- (fem., sg.) **aceeaşi, aceleiaşi (pui întrebarea a, ale, al, ai cui?)**

> Am plecat cu **aceeaşi haină** şi ieri.
>
> I-am repetat **aceleiaşi persoane** ce cred despre călătorii.

- (fem., pl.) **aceleaşi, aceloraşi (pui întrebarea cui a, ale, al, ai cui?)**

> Te văd mereu cu **aceleaşi colege** ieşind în pauză.
>
> Am trimis o scrisoare **aceloraşi femei** pe care le-am văzut şi data trecută.

Te rog, observă că, indiferent de număr şi persoană, toate cuvintele se termină cu „i".

Acestea sunt formele.

Acum te rog să vezi câteva asemănări.

Greşeala care se face cel mai des, în scris, se referă la „aceeaşi" şi „aceiaşi".

Apoi, toate formele se termină cu „aşi". Asta te ajută atunci când le scrii.

Iulian se uită pe foaie, la tot ce a scris, puţin confuz şi dezamăgit. Cum o să poată el face diferenţa dintre aceste cuvinte şi cum să le ţină minte?

Uitându-se la chipul lui, bătrânul îi spune:

- Te văd puţin trist. Însă o să vezi că e uşor pentru că îţi dau un truc.

Ca să scrii mereu corect, te poţi gândi la alte forme asemănătoare (pronume/adjective demonstrative de depărtare) la care se adaugă „-aşi":

acela -> acelaşi	aceea -> aceeaşi
aceluia -> aceluiaşi	aceleia -> aceleiaşi
aceia -> aceiaşi	acelea -> aceleaşi
acelora -> aceloraşi	acelora -> aceloraşi

La masculin şi la feminin, plural, este aceeaşi formă – aceloraşi, iar deosebirea se face în context.

Atunci când vrei să faci acordul şi ai un substantiv, şi un adjectiv pronominal, **ambele cuvinte se acordă:**

I-am răspuns omului aceluia. (corect)

(cui? omului; aceluia)

I-am răspuns omului acela. (greșit)

- Și îți mai spun ceva, zice bătrânul. Se confundă adesea cuvintele „acea" cu „aceea". Însă este o diferență:

- aceea (adjectiv demonstrativ) – se folosește atunci când se află **după substantiv**:

Am vorbit cu **persoana aceea**.

- acea (adjectiv demonstrativ) – se folosește atunci când se află **înainte de substantiv**:

Am vorbit cu **acea persoană**.

- Dle M, cineva mi-a atras atenția că am folosit în loc de „aceasta" „ăsta" sau „asta".

- Vezi tu, pronumele și adjectivul pronominal „acest/a" sunt specifice mai ales pentru limba scrisă și uneori pot fi considerate pretențioase.

În limbajul de zi cu zi, familiar, faptul că folosești „ăsta" sau „asta" nu este o greșeală sau ceva învechit. Câteodată, chiar sună mai prietenos.

- Acum e mai bine, spuse băiatul mai încrezător. Îmi place să fac tot felul de asocieri de cuvinte care mă ajută să țin minte.

- După cum vezi, cuvintele sunt interconectate. Unele reprezintă baza pentru formarea altor forme. E ca o construcție de piese de lego pe care le așezi, astfel încât aceasta să se înalțe.

Și înainte să pleci, ține minte că:

- ❖ Ceea ce noi considerăm că ne face rău ne ajută, de fapt, să creștem.
- ❖ Forma „aceeași" are doi „e".

Ziua a 27-a – Şi el face, de asemenea, ce vrea

Deşi de dimineaţă se anunţa o zi superbă, cu soare, câţiva nori ca decor, în câteva minute s-au strâns nori negri sub forma unui chip supărat, furios chiar.

Şi starea copilului s-a schimbat, cu toate că s-a trezit foarte binedispus. Treptat, a uitat ce persoană minunată este şi cum munceşte cu drag pentru ceea ce îşi doreşte şi îşi face mustrări de conştiinţă.

„Simt că pot să fac mai mult decât atât. Trebuie să fac şi mai mult. Nu sunt aşa mulţumit. Acum mi se pare că nimic nu merge cum vreau."

Natura îi ascultă durerea şi începe să-şi scuture stropii pe faţa lui Iulian, împletindu-se cu lacrimile acestuia curgând şiroaie pe obrăjori.

„Dacă e aşa cum zic ai mei? Că nu voi reuşi şi nu-s bun de nimic? Cât valorez eu? L-am auzit la alţi oameni mari. Alt cuvânt de neînţeles pentru mine. Valoare. Cine l-o fi inventat?"

Chiar aşa, în starea asta, fără să se mai ascundă de dl M, a ajuns acasă la el. Şi acum ştia să şi definească cum se simte: autentic. Aşa se simte, merge cu inima deschisă la bătrân, de mână cu sentimentul că nu merită. Poate nici nu ar fi trebuit să înceapă toate astea.

Dl M, văzându-l, a rămas fără cuvinte. Atunci când a plecat de la el era altă persoană. Și acum era cu totul altfel. Respira greu, privirea îi era absentă. Părea revoltat, furios. Iar atitudinea asta era un strigăt mut al durerii din interior.

Stătea la ușă, neîndrăznind parcă să intre.

- Intră, Iulian!

Și copilul izbucnește. Fața i se schimonosește și începe să plângă.

Corpul lui își descarcă energia acumulată.

În cameră s-a lăsat tăcerea. Dacă era foarte atent și prezent, Iulian putea auzi cum lacrimile sale se izbesc de podea.

Când era mai tânăr, dl M avea aceeași atitudine ca și omul din fața lui pentru că nu suporta să-i vadă pe ceilalți că suferă. Parcă se vedea pe el însuși suferind. Și atunci își masca această slăbiciune printr-o reacție mai agresivă.

Acum știa altceva. Știa că un om care suferă are cel mai mult nevoie de iubire.

- Iată! izbucnește din nou copilul și își întinde brațele larg deschise. Poate că nu merit. Poate că visul meu este ca apa de ploaie. Poate că este o iluzie!

Ar fi multe de zis în privința vorbelor lui Iulian, însă nu era momentul. În schimb, dl M și-a deschis și el brațele și i-a spus că îl primește și îl acceptă așa cum este el.

Copilul a rămas pe loc, și-a înghițit și ultima lacrimă și a întrebat sec:

- Azi ce facem la limba română?

Bătrânul nu a insistat, deși tentația este foarte mare. În fața lui stă un copil de 11 ani care plânge.

Îl lasă să-și trăiască durerea, să treacă și prin această stare. Tot a lui este. Are încredere în el că își revine. Deși uneori uită, Iulian este foarte puternic.

Iar cel mai mare cadou pe care îl poți face unui om este să ai încredere în el.

- Atunci să îmbrățișăm cuvintele, spuse bătrânul.

În limba română sunt două cuvinte pe care oamenii le scriu adesea într-un cuvânt.

Este vorba despre „de asemenea" (locuțiune adverbială). Nu știu de ce, însă ei scriu greșit, în felul următor: „deasemenea".

„Asemenea", luat separat, este adjectiv invariabil, adică nu-și schimbă forma și stă înaintea unui substantiv.

Uite:

> De asemenea, l-am mai ajutat şi pe vecinul meu.
>
> Sunt mândră de o asemenea realizare.
>
> Nu vreau să te văd îmbrăcat cu un asemenea palton.

Am terminat pentru azi. Iar înainte să pleci îţi spun că:

- ❖ Mereu va exista cineva care să creadă în tine. Iar prima persoană eşti tu.
- ❖ Forma „deasemenea" nu există.

Ziua a 28-a – Altfel te simţi când ai un alt fel de stil de viaţă

Ieri şi dl M a învăţat sau, mai bine zis, şi-a amintit un lucru important: lasă-i pe alţii să fie aşa cum vor ei să fie. Iulian este supărat. Bătrânul observă emoţiile copilului, însă îl lasă să se descarce. Poate cel mult să-i fie alături. Uneori fără să spună nimic. O clipă de tăcere, însă cu inima deschisă şi cu iubire, poate valora cât o mie de cuvinte.

- Bună ziua, dle M!

- Intră, te rog, Iulian! Cum te simți azi?

- Mai bine. Ieri m-am plimbat și am dormit. Mereu după somn văd lucrurile altfel.

- Minunat! Dacă tot ai menționat cuvântul „altfel", hai să-ți spun despre el: se scrie în două moduri.

altfel (adverb) și alt fel (adjectiv + substantiv)

Altfel înseamnă altcumva, într-un mod diferit.

Alt fel este format din adjectivul „alt" și substantivul „fel". Aici, „fel" poate fi înlocuit cu „gen", „tip", „soi".

Să-ți dau exemple:

De data asta, vreau să fie altfel. (diferit)

Vreau un alt fel de mâncare, te rog. Nu-mi place ce mi-ai adus.

Vreau o altfel de casă în care să fie un alt fel de mobilă.

- Am înțeles. Atunci când nu știu sigur, înlocuiesc „fel" cu „tip", de exemplu, și văd dacă se potrivește.

- Excelent!

O zi frumoasă, dle M! Mulțumesc pentru tot!

Ziua a 29-a – O minge m-a făcut să uit că sunt bătrân

Iulian pleacă mai vesel spre casă însă înainte de a ajunge face un mic popas. Este emoționat și-i pare rău că s-a supărat așa de tare pe el însuși. Ce mai poate face acum? Are chef să se miște. Să se joace. De când a început să învețe să scrie corect, nu s-a mai jucat de mult timp cu mingea. Închide ochii și începe să simtă cum aleargă, cum se bucură, cum soarele îl împiedică să vadă direcția unde se duce mingea.

O minge... o mingie... două mingi... două mingii... Ah, cum se spune? Cum se spune? Nu mai știe. Vrea să afle chiar în acel moment, dar cine să-i spună? Era singur.

Așa că, fiind condus de dorința de a afla, face cale întoarsă la dl M și-l întreabă repede, că n-are timp. Vrea să se întoarcă la joacă.

- Dle M, cum se spune corect? Minge sau mingie?

- Mingie? Am auzit și eu forma asta, dar nu știu de unde vine.

Hai să vedem. Avem așa:

- la singular – minge, mingea

- la plural – mingi, mingile

(în cazul dativ-genitiv) – mingii, mingilor

> Vreau să-mi cumpăr o minge.
>
> Mingea cumpărată are culoarea verde.
>
> Mi-aş dori totuşi două mingi. Să am de rezervă.
>
> Deocamdată mă joc cu mingile prietenilor mei.
>
> I-aş pune un nume mingii. Aşa, să mă distrez.
>
> Nu ştiu dacă mingilor le place să le pui nume.

- Atât?

- Da, dragul meu.

- Am plecat. Mulţumesc! şi copilul îl îmbrăţişează puternic pe bătrân.

Dl M a rămas singur, cu un zâmbet larg pe chip şi cu multă iubire în inimă. Îi este recunoscător lui Iulian pentru faptul că îl ajută şi pe el să înveţe. Vârsta nu este o piedică în calea evoluţiei nimănui. De fiecare dată când înveţi pe cineva, voluntar şi involuntar, şi tu, şi acea persoană creşteţi, fiecare pe calea lui.

Ziua a 30-a – Nu mai zice că numai tu faci totul

Dacă la început Iulian era foarte entuziasmat, acum pare mai nerăbdător. Își face curaj să-l întrebe pe dl M:

- Mai este mult până termin de învățat gramatica limbii române?

- Oh, copile drag! De-abia ai început. Aici e secretul. Călătoria. Nu este vorba doar de gramatică, ci în special de tine. Bucură-te de fiecare cuvânt descoperit, scris, învățat. Cu fiecare mică realizare ce ține de limba română, și tu crești. Sau mai dai la o parte puțin din praful acumulat.

Dl M se uită fix în ochii copilului și-i spune:

- Niciodată nu vei termina de învățat gramatica limbii române. Pentru că o limbă este vie, se schimbă, apar cuvinte noi sau sunt uitate, există posibilități infinite de a alătura cuvintele care exprimă cel mai bine mesajul tău. Ceea ce vreau să-ți spun este următorul lucru: scopul final nu este să înveți toată gramatica și apoi să spui punct; am terminat; sunt fericit. Ci vreau să mă bucur atunci când te văd pe tine fericit, mulțumit că ai mai învățat ceva, fie un cuvânt, fie o regulă, fie o altă minunăție. Bravo! Acum știi să faci acordul între subiect și predicat. Știi să scrii „aceeași" corect.

Imaginează-ți o cutie goală. Acesta este momentul când ai venit la mine și mi-ai spus de visul tău. Apoi, în fiecare zi, o umpli cu câte un obiect. Nu contează mărimea. Iar acele obiecte adunate reprezintă zilele când vii la mine și mai descoperi ceva nou. Apoi, închide ochii, simte acea clipă când cutia este aproape plină. Acela este momentul când vei fi destul de încrezător, astfel încât să scrii prima pagină pentru cartea ta, folosindu-ți imaginația și tot ce ai învățat până acum.

Fiecare obiect, fiecare zi reprezintă încă o treaptă urcată.

Tratează fiecare lucru învățat cu bucurie și recunoștință. Făcând aceasta, vei observa că aceeași atitudine o ai și față de tine.

- Nu m-am gândit niciodată așa. Eu am vrut să termin cât mai repede. Acum nu mai vreau. Îmi place ce ai zis. Mulțumesc!

- Vezi? Este aceeași situație, însă privită diferit.

Și acum mai învățăm ceva. Este vorba de cuvintele *numai* și *nu mai.*

Și bătrânul îi scrie pe foaie, astfel încât băiatul să înțeleagă mai bine.

Numai

Se scrie într-un cuvânt atunci când îl poți înlocui cu „doar".

> **Numai** tu ai venit cu mine.
>
> **Doar** tu ai venit cu mine.

Nu mai

Cealaltă situație (nu mai) se folosește atunci când înainte se întâmpla ceva, însă acum ceva s-a schimbat.

> **Nu mai** vreau să merg acolo. (înainte ai vrut, acum nu mai vrei – este o opoziție între cele două momente)

- Încă un pas în călătoria mea. Mulțumesc!

- Cu plăcere!

Și înainte să pleci, te rog, aminteşte-ți:

- ❖ Atunci când începi să faci ceva, bucură-te de tot ce se întâmplă. Despre asta este viața. Nu există sfârșit, ci doar momente de mulțumire şi satisfacție.

Drumul este lung dacă nu este distractiv. Dacă te distrezi, în timp ce faci ce-ți place, nu contează cât mai ai de mers.

❖ *Numai* se scrie într-un cuvânt atunci când înseamnă „*doar*".

Nu mai se scrie în două cuvinte atunci când nu mai faci un lucru în prezent, dar pe care obișnuiai să-l faci cândva.

Ziua a 31-a – Demult nu știam cât de mult timp îmi ia să zbor

În călătoria lui, Iulian experimentează tot felul de stări, unele plăcute, altele care-i dau agitație. Apoi, mai este și conflictul cu familia lui care a observat o schimbare la băiat. Deși uneori își face treaba cu plăcere, alteori parcă nu face nimic. Din exterior pare că pierde timpul. Iar reproșurile nu încetează să vină. Ceea ce simte Iulian în acele momente se apropie de vinovăție. Și nu știe ce să facă: să se revolte, să țipe, să se certe sau să nu zică nimic, să sufere în tăcere?

Deseori are impresia că fuge de-acasă pentru a merge la dl M.

Azi a plecat pe furiş, cu inima bătându-i puternic în piept.

- Bună ziua, dle M! zice băiatul aproape gâfâind de parcă fugise mâncând pământul.

- Bună să-ţi fie inima, Iulian! Cum te simţi azi?

- Aşa şi-aşa. Mă ceartă mama iar că nu fac destulă treabă şi că stau degeaba. Aşa vede ea, că stau degeaba.

- Şi tu ce faci, de fapt?

- După ce îmi termin treaba, exersez.

- Ce exersezi şi cum? întreabă zâmbind bătrânul.

- Mă pregătesc pentru celelalte treburi sau îmi imaginez cum scriu. Însă mama mea nu înţelege.

- Pentru că este o lipsă de comunicare autentică. Eu am o variantă în minte. Este alegerea ta ce faci mai departe. Poţi să mergi la ea, o iei de mână, o priveşti în ochi şi-i spui că tu vrei să te înţelegi bine cu ea. Îţi faci treaba ca înainte, numai că acum te ocupi şi de tine. Începi să înveţi cum să fii fericit, să te bucuri de tot ce ai acum şi de ce va veni în viitor. Şi vrei să-ţi fie alături, să te sprijine.

Iulian a rămas fără cuvinte. Nu i-a venit în minte niciodată să vorbească aşa cu mama lui. Însă de acum ştie ce are de făcut. Şi pentru asta îi trebuie curaj.

- Mulțumesc! Este minunat ce descopăr cu tine, dle M! Și la gramatică ce descopăr azi?

- Vorbim despre „demult" (adverb) și „de mult" (prepoziție + adverb).

Deseori, oamenii confundă cele două forme.

„Demult" se scrie legat atunci când înseamnă „odinioară, odată, cândva, de multă vreme, cu mult timp înainte".

„De mult" (locuțiune adverbială) are sensul acesta: „de mult timp, de multă vreme".

> Ce îmi povestești s-a întâmplat demult.
>
> Mai demult îmi plăcea să joc tenis.

Însă:

> De mult (timp) îmi doresc o bicicletă.
>
> Te aștept de mult.

- Ce bine! E ușor să înveți așa.

Bătrânul zâmbește.

Înainte să pleci, să-ți aduci aminte, te rog:

- ❖ Totul are o soluție. Numai să ai curaj să vorbești din inimă și să nu stai să rabzi, trecând peste dorințele tale.

Îți mai spun un secret: ca să poți face distincția și mai clară, „de mult" răspunde la întrebarea: „de când?" sau te poți gândi că după „de mult" poate urma un substantiv – timp.

Ziua a 32-a – ~~Proprii~~ copii nu sunt copiii tăi proprii

Curajul de care are nevoie Iulian nu trebuie să vină prin vorbe, ci din inimă. Faptul că el și familia lui nu se înțeleg îl face pe băiat să se simtă trist, nefericit. Ce poate face altceva decât ce a făcut până atunci? Să spună adevărul? Propriul adevăr. Să aibă curaj să vorbească pentru sine, să spună ce-l face nefericit și să fie atent la ce-i șoptește inima. Să-și pregătească discuțiile cu ai lui așa cum a învățat acum ceva vreme. Să vorbească folosind un ton încrezător, în el și în ceilalți, sperând că vor înțelege. Glasul inimii nu dă greș niciodată.

Uneori poți să spui orice, însă inima receptează ce este dincolo de vorbe. Captează ce este, nu ce pare a fi.

Și s-a lăsat liniștea. S-a înserat. Nicio frunză nu se mișcă de pe crengile copacilor, aerul aduce un vântișor cald care mângâie ușor pielea, ca o mătase fină.

Din zare se vede silueta lui Iulian, cu un mers agale, gânditor și cu un zâmbet în colțul gurii.

- Am venit, dle M!

- Intră, intră! Mă bucur că ai ajuns. Azi vreau să-ți povestesc ceva foarte interesant și ce frumoasă este limba noastră română.

Este vorba despre cuvântul *propriu*. Atunci când îl rostești, nu-ți dai seama cum se scrie. Însă atunci când îl scrii, e altceva.

Uite, așa stau lucrurile:

- masc./neutru, sg. – propriu

> Are un stil propriu de a scrie.
>
> S-a certat cu copilul propriu.
>
> S-a împăcat cu propriul copil.

- fem., sg. – proprie

> Nu a putut să intre în casa proprie pentru că şi-a pierdut cheile.
>
> Nu a putut să intre în propria casă pentru că şi-a pierdut cheile.

- masc., pl. – proprii, propriii

> **Colegii proprii** l-au felicitat.
>
> **Propriii colegi** l-au felicitat.

Vezi diferenţa dintre ultimele două propoziţii?

În prima avem *colegi proprii,* unde *proprii* se află **după substantiv.**

În a doua avem *propriii colegi,* unde *propriii* se află **înaintea substantivului.**

(primul „i" este din radical – propriu; al doilea este desinenţa de plural -> proprii; al treilea „i" este articolul hotărât - > propriii)

- Minunat! De-acum nu va trebui să ghicesc. Ci ştiu sigur cum se scrie. Mulţumesc!

- Cu mult drag, Iulian!

Înainte să pleci, aminteşte-ţi aceste vorbe:

- ❖ Curajul vine din iubirea pentru tine, în primul rând, spunând celor din jur ce îţi place şi ce nu.
- ❖ Ca să ţii minte mai uşor cum să scrii şi câţi „i" să pui, uită-te doar dacă este înaintea substantivului sau după. Dacă este înainte, sunt trei „i". Dacă este după, sunt doi „i".

Ziua a 33-a – Dragile mele dragi!

Un ingredient special, esenţial şi pentru unii secret în orice ai face sau spune este simţul umorului.

La început, se întâmpla rar când Iulian îşi dădea voie să glumească. Era mereu preocupat, trist, chiar şi când îi sărea în faţă un iepure şi-i spunea: „Bună dimineaţa, Iulian!" (glumesc, iepurii nu vorbesc)

Însă aş fi vrut să fie aşa. Ar fi fost minunat dacă l-ar fi pus pe umăr, cu permisiunea lui, şi-ar fi umblat cu el aşa, peste tot. Distractiv. Prietenos. Blând. Totul vine uşor, fără efort.

Fără efort? Toată viața, în fiecare zi, a stat un omuleț în urechea mea și mi-a șoptit: „Fă efort, fă efort! Muncește până la epuizare!" Și acum? Dacă nu mai fac efort, ce fac atunci?

Dar să revenim la umor. Dl M de-abia îl așteaptă pe Iulian să-i spună ceva amuzant. Și iată că în scurt timp el sosește.

- Ce bine c-ai venit! zice bătrânul. Te așteptam cu nerăbdare să-ți spun ceva ce acum mi-am amintit.

- Bună ziua, dle M! Sunt curios. Spune-mi.

- Îți prezint cuvântul „dragă" (adjectiv), pe care oamenii, la plural, feminin, îl folosesc altfel decât spune regula.

Mai întâi să-ți arăt formele lui:

- masc., sg. – drag, dragul

-fem., sg. – dragă, draga

- masc., pl. – dragi

- fem., pl. – dragi (da, da - dragi)

- fem., pl. – dragile

- masc., sg. – dragului

- fem., sg. – dragii (nu dragei)

- masc. + fem. (pl) – dragilor (nu *dragelor* la feminin)

S-ar putea să te minunezi, ca și mine atunci când am citit prima oară, însă așa este.

> Acest om îmi este drag.
>
> Această femeie dragă mie m-a ajutat.
>
> Îmi sunt dragi colegii mei.
>
> Îmi sunt dragi colegele mele.
>
> Dragul de el, a reușit până la urmă!
>
> Draga de ea, a venit la mine de departe!
>
> Dragile mele vecine au venit și mi-au adus mâncare.
>
> Îi scriu acum dragului meu nepot.
>
> Îi scriu acum dragii mele nepoate.
>
> Le scriu dragilor mei copii.
>
> Le scriu dragilor mele fete.

- Oh, e cam pe dos față de cum spune și mama mea! spune băiatul.

- Cam da! şi bătrânul râde. Oamenii încep să se certe şi sar ca fripţi dacă le spui că „dragelor" nu este pluralul de la „dragă", ci înseamnă altceva.

- Ce înseamnă?

- Să vedem ce zice biblia asta de carte. Adică dicţionarul ăsta gros:

„*Dragă, drage* (substantiv) = navă special amenajată sau aparatură cu care se draghează; instrument în formă de sac sau de plasă cu care se colectează organismele vegetale sau animale de pe fundul apelor".

- Vezi ce diferenţă de sensuri? Cu ce înţeles este el azi folosit şi ce sens are, de fapt?

Şi Iulian începe să râdă din toată inima.

- Adică persoanele acelea „drage" sunt nave. Chiar e amuzantă limba română. Mulţumesc! Ne vedem data viitoare!

Înainte de a exersa cuvântul „dragi", aminteşte-ţi că:

- ❖ Simţul umorului te face să te simţi bine. Iar din acea stare deja îţi simţi puterea interioară infinită. Din acea stare, nu mai faci lucrurile cu efort, pentru că faci acele lucruri cu plăcere, cu inima uşoară, ca şi cum îţi vine să pluteşti.

❖ „Drage" este pluralul de la „navă".

Din această stare jucăușă poți învăța orice. A fost de-ajuns o întâlnire cu dl M, în care s-a glumit și s-a creat o atmosferă plăcută, în care nu a existat judecată, și lui Iulian, în drum spre casă, i-a venit o idee năstrușnică.

Pentru că nu poate aștepta la nesfârșit să termine de învățat gramatica limbii române, ar putea de acum să înceapă să scrie cartea la care visează. Ah, ce idee! Oare o să aibă vreodată curajul să facă asta?

Băiatul și-a început călătoria pe o cale necunoscută printr-un gând. Nu știe ce va urma, singurul lucru pe care-l știe și-l simte din adâncul sufletului este că vrea să dea viață unor personaje. Cum? Habar nu are.

Mai întâi, a crezut că prin cuvinte. Acesta era al doilea pas. Cuvintele scrise corect reprezintă o prelungire a ce este în interior, a emoțiilor.

Primul pas este să fii în armonie cu ce simți și să-ți muți atenția de pe lucrurile negative pe cele pozitive. Apoi, să accepți și să fii în armonie cu emoțiile pozitive. Adică să le dai voie să te înconjoare, să iasă la suprafață, să se exprime prin tine.

Din acea stare de bine creezi lucruri foarte frumoase, pline de inspirație. De-abia aceea este acțiunea. Mai întâi, te bucuri și apoi acționezi, scrii, pictezi sau faci ce vrei.

Acțiunea inspirată nu se mai numește muncă, ci plăcere, deși e posibil să petreci o noapte terminându-ți treaba. Însă atunci când ai chef să faci, ai energie. Nu mai contează că este noapte sau zi.

Curajul este să alegi emoțiile pozitive. Deoarece am fost atât de mult timp învățați, hrăniți cu gânduri negative, încât am devenit dependenți de ele. Am uitat cine suntem și să ne bucurăm. Această curățare necesită curaj. Curaj să nu te mai gândești la lucruri care nu te fac să te simți bine.

Ziua a 34-a – Creația ar fi mai ușoară cu doi „e"

Creația de care ziceam mai înainte este prietenă cu lucrurile bune care ne ies din mână. Sau din minte.

Iar băiatul se gândește toată ziua la asta. Începe să simtă gustul vieții adevărate.

- Bună ziua, dle M!

- Bună ziua, Iulian! Cum a fost ziua de azi pentru tine?

- O adevărată creație! zice copilul încrezător.

Bătrânul râde cu poftă de cum începe Iulian să gândească, fiindu-i din ce în ce mai drag. Copilul începe să devină creator conștient.

- Dacă e aşa, atunci să-ţi spun cum stă treaba cu verbul „a crea" în limba română. Vrei?

- Daaa! Vreau!

- Bine. Şi acest cuvânt este puţin complicat deoarece se scrie când cu un „e", când cu doi „e". Însă noi îi vom da de capăt.

Şi vreau să-ţi prezint toată imaginea de ansamblu, să vezi cum arată.

La infinitiv – a crea

La prezent

- eu creez („cre" + ez)

- tu creezi („cre" + ezi)

- el/ea creează („cre" + ează)

- noi creăm („cre" + ăm)

- voi creaţi („cre" + aţi)

- ei/ele creează („cre" + ează)

Terminaţiile de la fiecare cuvânt la care să fii atent sunt:

(eu) ez	(noi) ăm
(tu) ezi	(voi) aţi

(el/ea) ează	(ei/ele) ează

Imaginează-ți acest cuvânt ca un copac, cu rădăcină și trunchi.

Rădăcina este „cre", iar tulpina este formată din terminațiile de mai sus.

În același timp, poți să te gândești la verbul „a lucra", care are rădăcina „lucr", *a* fiind terminația verbului.

La această rădăcină, adaugi terminațiile din tabel.

Eu lucr + ez (luc**rez**)

Tu lucr + ezi (luc**rezi**)

El/ea lucr + ează (luc**rează**)

Noi lucr + ăm (lucr**ăm**)

Voi lucr + ați (lucr**ați**)

Ei/ele lucr + ează (luc**rează**)

La „creează" deja ai observat că sunt **doi „e"**, unul din rădăcină și altul din trunchi (terminație), fapt care se întâmplă **numai la prezent**.

La timpul trecut, la participiu, tot cu un singur „e" este:

- eu am creat, tu ai creat, el/ea a creat, noi am creat, voi ați creat, ei/ele au creat

Și la viitor este la fel, cu un singur „e":

- eu voi crea, tu vei crea, el/ea va crea, noi vom crea, voi veți crea, ei/ele vor crea

Atunci când te adresezi cuiva, folosești tot forma de la prezent:

Creează! (imperativ, afirmativ)

Creați! (imperativ, afirmativ)

În schimb, atunci când e la **imperativ negativ** și vrei să spui cuiva să nu creeze, folosești regula **NU + forma de infinitiv a verbului.**

Nu crea!

Un ultim lucru pe care vreau să ți-l spun este faptul că substantivul este „creare", nu „creere".

- Deci la prezent se folosesc doi „e", la trecut un singur „e". Atunci când îi spun cuiva să creeze, adică mă adresez acelei persoane, folosesc doi „e", iar atunci când vreau să-i zic să nu facă acel lucru, e doar un „e".

- Exact! Felicitări!

- Ce bine! Este foarte frumos cuvântul ăsta.

Şi de-a lungul vieţii o să-l foloseşti din ce în ce mai des.

Iar înainte să pleci să creezi, îţi mai dezvălui ceva:

- ❖ În fiecare moment, noi creăm ceva, fie că vrem, fie că nu, fie că ne dăm seama de asta, fie că nu.

Atunci când vrei să creezi ceva ce crezi că e bine pentru tine, intenţionat, laşi la o parte gândurile rele.

Atunci când nu reuşeşti tot ce ţi-ai propus, te opreşti din tot ce făceai, stai de vorbă cu inima ta şi vezi cum te simţi. Care este rădăcina trăirilor tale care-ţi produc acea stare şi te fac să aduci în viaţa ta ceea ce nu-ţi doreşti?

- ❖ În ceea ce priveşte cuvântul „a crea", îţi spun un secret pe care puţini oameni îl ştiu:

- la prezent, când în interiorul cuvântului ai litera „z", scrii doi „e", când nu ai „z", scrii un „e":

eu creez (z -> doi „e")

tu creezi (z -> doi „e")

el/ea creează (z -> doi „e")

noi creăm (fără z -> un „e")

voi creaţi (fără z -> un „e")

ei/ele creează (z -> doi „e")

Ziua a 35-a – Oare se scrie vreodată „vre-un"?

Ştii sentimentul acela care ne vizitează pe toţi din când în când şi ne şopteşte: „Oare pot? E posibil? O să ajung vreodată unde îmi doresc să fiu? Vreodată, cândva, când, cum..."

Credeai că Iulian a scăpat de aceste gânduri? Ele revin uneori şi-l întreabă de sănătate.

Dacă nu reuşeşte? Şi inima i se chirceşte. Simte un gol în stomac şi nu e golul din cauza foamei. Golul vine din el, din sentimentul de lipsă. Lipsa de încredere.

Azi-dimineaţă s-a trezit vesel. Însă pe drum către dl M, gândurile au început să se adune ca norii cenuşii. Călătoria lui până la bătrân a fost plină de îndoială.

- Bună ziua, dle M! zice Iulian cu un glas domol.

- Bună ziua! Mă bucur să te revăd. Văd o umbră de tristeţe pe chipul tău sau mi se pare?

- Mă tot întreb din când în când ceva. O să reuşesc vreodată ce vreau să fac?

- Cu întrebarea asta pe buze şi în minte, nu. Atunci când observ o situaţie ca asta, îmi vin în minte alte întrebări:

- Ce vreau să fac?

- De ce? Cum mă simt atunci când voi avea acel lucru?

- Când pot să-l obțin? Aș zice că de-acum. Acum pot să încep să simt ce aș putea simți peste un timp atunci când îmi imaginez că o să obțin ce vreau. Și magia se întâmplă mai repede decât crezi.

Așa aș face eu.

Ei, și dacă tot ai zis de cuvântul „vreodată", este o discuție în legătură cu asta.

Dacă tu te îndoiești că o să reușești, alții au dubii cum se scrie.

Așadar, treaba stă în felul următor:

Vreodată **se scrie mereu într-un cuvânt.**

Nu există formele vre-odată, vre-o dată.

Apoi, asta mă mai duce cu gândul la **cuvintele vreo și vreun.** (adjectiv pronominal nehotărât, pronume nehotărât)

Nelămuriri există și aici:

Vreo sau vre-o?

Vreun sau vre-un?

În mod clar, aleg primele variante, fără cratimă.

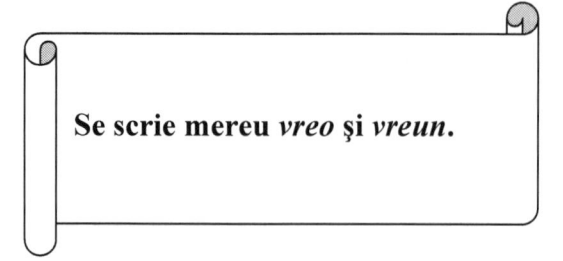

Se scrie mereu *vreo* și *vreun*.

Uite niște exemple cu aceste cuvinte:

Aș vrea să-ți zic vreo două vorbe.

Ai văzut vreun câine pe drum azi?

Aș vrea să văd vreunul care să-mi spună adevărul.

Lipsește vreuna din cutie?

A transmis vreuneia dintre voi ora și adresa?

I-a căzut vreuneia dintre fete geanta?

- Mulțumesc, dle M!

- Cu plăcere! Îmi este drag să-ți spun ceea ce știu. Sunt mândru de tine și am încredere că într-o zi vei crede în totalitate în puterea ta.

Înainte să pleci, mai vreau să-ți spun ceva:

- ❖ Primul semn că vei reuși ce vrei să faci este să simți bucurie și încredere. Cu aceste două unelte puternice tot ce-ți imaginezi este posibil.

- ❖ Atunci când vine vorba de „vreodată, vreo, vreun", niciodată nu se scriu separat. Mereu împreună. Așa cum ești tu cu visul tău, legați, așa cum este cochilia melcului lipită de melc.

Ziua a 36-a – Nici unul, nici altul nu a mișcat niciun deget

Spune drept, ai vrea să fie totul lin, fără nicio provocare, fără suișuri și coborâșuri? Tentația e prea mare să spui da. Totuși, farmecul ar dispărea. Totul să fie uniform. Desigur, există și extrema cealaltă, în care te simți ca prins într-o avalanșă.

Iulian a experimentat ambele stări. Și uneori își dorește să poarte o armură contra tuturor răutăților din exterior. Nu știe că exteriorul nu e vinovat, ci puterea lui de concentrare trebuie să se mărească. Să fie ca un copac. Neclintit în fața schimbărilor vremii. Fie că plouă, fie că ninge, fie că e soare, fie că bate vântul, copacul doar este. Condițiile exterioare nu-i strică liniștea interioară.

Ei, după asta tânjește și Iulian. Însă la ce trebuie să fie el atent este felul cum se simte în fiecare moment, iar dorința lui de a fi într-o stare bună să fie mai mare decât puterea a tot ce este în exterior. Acesta este doar începutul pentru el. Tăria de caracter se clădește în timp și mereu trebuie cultivată. Altfel, este de ajuns o clipă și totul se dărâmă, ca un castel de nisip. Singurul obstacol este între tine și tine. Lucrurile în exterior pot să te facă să te distrezi. Însă ce-i în interior îți dă adevărata identitate.

Bătrânul are încredere în Iulian că până la urmă își va da seama de acest lucru.

Iată că sosește și copilul, cu hainele murdare de la joacă și puțin nervos pentru că s-a certat cu ceilalți copii. Aparent, o reacție normală, însă în contradicție cu ce este scris mai sus.

- Bună ziua, dle M!

- Bună ziua, Iulian! Ce faci? Te-ai jucat cu copiii?

- Mai degrabă m-am certat. Eu n-am avut nicio vină.

Bătrânul se uită la băiat, blând și îngăduitor, și-i spune:

- O să descoperim și secretul pentru cearta asta. Însă nu acum. Când te liniștești. Acum continuăm povestea cuvintelor și ne ocupăm de pronumele negativ compus: „niciunul", „niciuna" și de adjectivul pronominal „niciun", „nicio", care s-au mai scris legat mai demult, înainte de anul 1953.

Există două modalități: fie scrii niciun, fie nici un. Diferența asta se observă în scris.

- Atunci când mă uit la ele, mie mi se par la fel. Cum pot să fac diferența? întrebă Iulian.

- Într-adevăr, este foarte ușor să faci confuzie.

Uite:

- „nicio" se scrie așa, într-un cuvânt, atunci când ai cantitate zero, nimic, deloc.

- „nici o" se scrie în două cuvinte atunci când este vorba de negație și atunci când este urmat de un articol nehotărât.

Hai să scriem câteva exemple că te văd nedumirit:

> N-am văzut nicio mașină pe stradă. (nimic, deloc)
>
> Nu vreau nici o haină, nici un ajutor. (negație repetată)
>
> Câte mere sunt în coș?
>
> Nu e nici unul, nici două, ci sunt trei mere. (numeral)

Totodată, mai este un caz în care „nici" este accentuat şi este introdus şi „măcar" (adverb).

> N-am nici măcar un câine să-mi ţină de urât.

- De-abia aştept să exersez. Îmi doresc tare mult să mă joc cu literele, să fiu prieten cu ele.

- Acum, că ştii aşa multe secrete, ai o viaţă întreagă înainte să te împrieteneşti cu ele.

Până atunci, înainte să pleci, vreau să-ţi spun că:

- ❖ Asupra liniştii tale interioare nimeni nu are putere decât tu.
- ❖ Nicio (într-un cuvânt) are sensul de nimic, deloc.

    Nici un/nici o scrii atunci când este negaţie repetată.

Ziua a 37-a – Odată am fost şi eu ca tine

În momentul în care te trezeşti dimineaţa, în faţa ta se întinde o nouă zi, un alt univers cu mult diferit faţă de ce a fost în ziua precedentă. Se spune că ai o singură viaţă pe care s-o trăieşti. Însă cum ar fi dacă în fiecare zi ai simţi că te naşti din nou? Cu alte gânduri, alte evenimente, alte emoţii, alte discuţii, o altă stare de spirit.

Tu eşti la cârma propriei corăbii şi numai de tine depinde unde mergi. Construieşti. Creezi. Continui jocul de puzzle cu alte piese care să se potrivească întregului.

Ştii bine că fiecare gând sau acţiune are o urmare. Ce ai făcut acum ceva vreme se va arăta în prezent. Iar ce faci în prezent deja construieşte viitorul.

Aşadar, fiecare zi este ca o sămânţă care va da roade puţin mai târziu, de aceea este bine să faci dintr-o zi, care pentru unii ar fi normală, monotonă, una extraordinară. Şi totul porneşte cu un gând care se transformă într-o emoţie şi apoi în fapte.

Pentru a nu te pierde în şirul detaliilor nesemnificative, o întrebare excelentă, în fiecare moment, ar fi aceasta: *şi acum?* Ce gândesc acum? Ce simt acum? Ce fac acum?

Ce-ai făcut odată, poate o singură dată, va vibra în univers şi te va schimba. Fructificarea fiecărui moment din prezent îți va lumina sau îți va întuneca viitorul. Semeni azi gânduri negative, culegi zile fără zâmbet. Semeni azi gânduri pozitive, culegi aroma, frumusețea vieții.

De când a început Iulian să-l viziteze pe dl M, are mai puține zile mohorâte. Nu mereu reușește, se mai lasă târât în vârtejul caruselului emoțional însă își revine repede. Acesta-i începutul noii lui vieți. Atunci când se trezește dimineața, își simte corpul viu, iar senzațiile, oricare ar fi ele, îl ghidează dacă s-a abătut sau nu de la calea sa.

- Bună ziua, dle M!

- Bună să-ți fie inima, Iulian! Cum este ziua de azi?

- A început într-un mod minunat. M-am trezit cu gândul la cum vreau să fie azi. Apoi mi-am văzut de treabă. Și acum ce-mi mai poți spune despre limba română?

O liniște apăsătoare s-a așternut în cameră.

- Dle M? Dle M?

Pe chipul copilului se vedea teama și inima a început să-i bată puternic.

Bătrânul s-a așezat pe scaun, a tăcut două minute, timp în care se auzea ticăitul ceasului, vântul șuiera din ce în ce mai tare, intrând în casă prin fereastra întredeschisă. Lui Iulian i s-au părut o veșnicie aceste clipe.

Dl M, serios, însă cu blândețe, îi vorbește, în sfârșit, băiatului:

- În curând, se va întâmpla ceva important și vei afla la momentul potrivit. Acum să ne jucăm cu literele și îți propun cuvântul „odată" care se poate scrie în mai multe feluri.

Iulian, cu ochii mari, curioși, cu foaia sub nas, era nerăbdător să afle.

- ***Odată*** (adverb de timp) se scrie într-un cuvânt atunci când înseamnă cândva, demult, odinioară.

Ce îmi spui tu s-a întâmplat odată. (acum mult timp)

- ***O dată*** se scrie în două cuvinte atunci când numeri – o dată, de două ori.

Am înotat numai o dată atunci când am fost la mare.

Ca să faci diferența mai bine, îți dezvălui un secret, și anume două întrebări care te ajută:

- când? (odată, cândva)

- de câte ori? (o dată, o singură dată)

- Până aici e simplu. Apoi, mai sunt câteva expresii care pot produce confuzie.

- De ce? întreabă copilul intrigat.

- Deoarece cândva s-au scris într-un fel, iar acum se scriu în alt fel.

Este vorba de *odată cu* și *odată ce*. Înainte se scriau așa: *o dată* cu *(locuțiune prepoziționala)* și *o dată* ce *(locuțiune conjuncțională)*. Însă după modificările din dicționar (DOOM2), se scriu într-un cuvânt: *odată* cu și *odată* ce.

Și dl M scrie pe foaie pentru ca Iulian să înțeleagă mai bine.

Înainte se scria așa:

- o dată cu (în același timp, simultan)

> O dată cu tine am ajuns și eu.

- o dată ce (din moment ce)

> O dată ce a zis că vine, să-l așteptăm.

- o dată + verb la participiu (după ce)

> O dată ajunsă acasă, fata și-a schimbat hainele.

> Odată cu tine am ajuns și eu.

Acum, conform recentelor modificări, se scrie așa:

- **odată cu**

> Odată cu tine am ajuns și eu.

- **odată ce**

> Odată ce a zis că vine, să-l așteptăm.

- **odată + verb la participiu**

> Odată ajunsă acasă, fata și-a schimbat hainele.

- Acum e mai clar, dle M! Mai sunt sau am terminat?

- Mai sunt. Dacă tot am început subiectul ăsta, să-ți spun până la sfârșit.

- **hai odată**! (acum, imediat)

> Hai odată, mama!

- **odată şi-odată** (într-un viitor apropiat)

> Odată şi-odată tot se va întâmpla.

- **încă o dată** (din nou, iar)

> Încă o dată îţi spun, poţi rămâne aici.

- **o dată în plus** (iar, din nou)

> Fii atent, o dată în plus, cu cine mai vorbeşti acum.

- **o dată pentru totdeauna** (definitiv)

> Vreau să terminăm discuţia o dată pentru totdeauna.

- **dintr-o dată** (brusc)

*înainte se scria *dintr-o dată,* acum se scrie *dintr-odată*

> Dintr-odată se ridică şi pleacă.

- **deodată (brusc, pe neașteptate; în același timp)**

> Deodată începe să râdă cu poftă.
>
> Cei trei au ajuns deodată.

> Mi s-a părut liniștit și, totodată, pe gânduri.

- Mi se pare puțin complicat și, totodată, interesant, spune Iulian, mândru că știe să folosească deja un cuvânt învățat azi.

- Așa poate este la prima vedere, complicat. În realitate, e simplu dacă ții cont de ce ți-am spus, doar să fii atent la situația în care folosești cuvintele astea. Și să te decizi dacă preferi varianta veche, cea *cu o dată ce, o dată cu* sau varianta nouă, *odată ce, odată cu*.

Eh, am terminat pe azi, spune bătrânul, privindu-l pe băiat cu drag.

Înainte să te îndrepți spre casă, amintește-ți vorbele următoare:

- ❖ Azi plantezi o sămânță pentru viitor. Deși poate acum nu îți place situația, însă cu perseverență, îți poți construi un viitor așa cum îți dorești.

- ❖ Înainte, *o dată cu* și *o dată ce* se scriau despărțit. Acum, *odată* cu și *odată* ce scriu legat.
- ❖ Și mai ai două întrebări: când? (odată); de câte ori? (o dată).

Atunci când ai curaj, înseamnă că ești cel mai aproape de tine. Gândurile sunt transpuse în cuvinte, iar acestea își iau zborul, așezându-se, ca niște fluturi, în inima cui le primește.

Așa cum unele haine nu ți se potrivesc, la fel se întâmplă și cu ce spui sau ce scrii. Cum te exprimi face parte din identitatea ta. Este ca un rând de straie împărătești care-ți întregesc imaginea.

Cu toate acestea, este foarte posibil ca acele haine să nu fie ale tale. Și aici fac referire și la cuvinte, în paralel. Atunci când erai copil, poate te-a îmbrăcat mama. Sau altcineva. Atunci când erai mic, poate ai împrumutat cuvinte de la alții fără ca acestea să se potrivească neapărat cu amprenta din inima ta. Și pe măsură ce ai crescut, ai trăit cu impresia că sunt ale tale.

Cu toate că te-ai obișnuit să le folosești, te surprinzi uneori cu un nod în gât. Deschizi ochii mai bine și te uiți în jur, la ceilalți, prinzând cuvinte care crezi că te-ar putea răni. Rareori tragi câte-o ocheadă într-o oglindă însă și atunci te uiți la tine și te admiri. Hainele și cuvintele tale se așază bine, doar foloseşti dintotdeauna acelaşi stil. Poate uneori se întâmplă ca o mânecă să fie mai scurtă sau mai lungă, însă nu te deranjează. Nici nu mai ştii dacă, în copilărie, tu sau mama ta îţi alegea hainele, dacă imitai cuvintele auzite sau dacă le inventai. Nici nu te interesează. Azi eşti tu, cel care se priveşte în oglindă, şi se vede cu aceiaşi ochi ca acum mulţi ani. Bucuros că cineva are grijă de tine.

O întrebare foarte bună este aceasta: unde eşti tu? Dacă foloseşti cuvintele auzite în exterior, percepute şi ele prin ochi străini, venite din alte realităţi, care sunt cuvintele tale?

Ai curaj să te întrebi? Să te vezi? Ai curaj să te dezbraci de haine şi de cuvinte, hotărât să-ţi doreşti să-ţi auzi propriile vorbe, deşi ele acum nu fac parte din personalitatea ta?

Par necunoscute, însă nu sunt. Au fost mereu cu tine, le-ai simţit şi nu le-ai recunoscut. Iar ce ţi s-a dat sau ce ai împrumutat îţi oprea respiraţia prin acel nod în gât.

Şi acum? Ce decizii iei? Când începi să-ţi iei puterea înapoi?

Ziua a 38-a – Ce cuvinte vor să fie prietene cu o majusculă?

Stai drept și rostește-ți adevărul! Caută în tine exact ce simți și suprapune această emoție cu un cuvânt potrivit. Fii sincer cu tine și după puțin timp vei fi liber. Viața te va încânta, tu vei zâmbi autentic și vei simți căldură. Ceilalți contează abia după ce tu ești bine și te întâlnești cu tine. Nu poți ajuta, alina pe cineva dacă nu ți-ai dat jos hainele false și dacă nu vorbești cu propriile cuvinte.

„Eu" este un cuvânt puternic și blând, totodată, care-ți cere să-l îmbrățișezi cu drag.

Iulian, în acest moment, este între cel real și cel creat de lume. Acum el învață puterea cuvântului, acel cuvânt care să-l facă fericit numai pe el. Apoi din fericirea lui va da și altora.

Sosește, țopăind de bucurie, la dl M.

- Bună ziua, dle M! Ce faci?

- Din ce în ce mai bine, Iulian! Văd că ai avut o zi extraordinară.

- Cum să nu? Azi nu am fost supărat deloc. Îmi place așa de mult cum mă simt. Aș vrea să dureze o veșnicie.

Bătrânul râde cu poftă câteva minute în șir.

- Dacă vrei asta cu adevărat, cine crezi că te poate împiedica?

Începe și Iulian să râdă, să cânte, să alerge. Are o energie fantastică.

- Ce descoperim azi, dle M?

- Îți dezvălui un cuvânt nou și cum se folosește: majuscula.

- Ce cuvânt ciudat! Și ce face majuscula asta?

- În limba română, sunt cuvinte care încep cu literă mare, iar aceasta se numește majusculă.

- Și cele care încep cu literă mică? Au un nume?

- Minuscule. Majuscule și minuscule. De exemplu, România se scrie cu majusculă, iar în propoziția: „Eu sunt român", „român" se scrie cu minusculă.

- Cum știu să folosesc majuscula în cartea mea?

- Ai puțină răbdare, îți spun acum.

Litera mare (majusculă)

- Lună, Soare, Pământ, Calea Lactee (atunci când este vorba de aștri).

Însă în limbajul obișnuit se folosește litera mică.

- Denumiri de organizație, întreprinderi și instituții de rang superior:

Ministerul Apărării Naționale

Autoritatea Europeană pentru Protecția Datelor

Banca Centrală Europeană

Facultatea de Limbi și Literaturi Străine

Organizația Aviației Civile Internaționale

Organizația Națiunilor Unite

Parlamentul European

Președinția Consiliului Uniunii Europene

Sistemul European al Băncilor Centrale

- Sărbători naționale sau internaționale (elementele de legătură se scriu cu literă mică):

- Anul Nou, Săptămâna Patimilor, 1 Decembrie, 1 Mai

- Ziua Europei, Ziua Internațională a Muncii

- Denumiri de monumente:

- Arcul de Triumf, Marele Zid Chinezesc

- Marile epoci istorice:

- Antichitate, Evul Mediu, Iluminism

- Marile războaie:

- Primul Război Mondial, al Doilea Război Mondial

- Războaie cu nume propriu:

- Războiul celor Două Roze, Războiul de Independență, Războiul de Recesiune

- Cuvintele care desemnează locuțiuni pronominale de politețe:

- Alteța Sa Regală, Excelența Sa

- Cuvinte care denumesc entități geografice și teritorial-administrative, inclusiv cuvintele provenite din substantive comune sau din adjective, dar care fac parte din denumirea oficială:

- România, Marea Neagră, America de Sud, Europa Centrală și de Est, Statul Quatar

- Primul cuvânt din titlul documentelor de orice fel: publicații periodice, opere literare, științifice

- Amintiri din copilărie, Convorbiri literare, Dacia literară, Luceafărul, Rapsodia Română

- Primul cuvânt din denumirea unor nume științifice latinești de specii de animale și vegetale
- Nume de persoane, pseudonime și porecle
- Nume proprii de animale - Grivei, Patrocle

(Pentru o listă detaliată, poți consulta online următoarea pagină: http://dictionarul-ortografic.blogspot.ro/2010/02/32-scrierea-cu-litera-mare.html)

Poate nu-ți dai seama, poate e copleșitor să te gândești la asta, însă fiecare moment al vieții este o alegere. Și cum momentele sunt foarte multe, deseori intervine confuzia, starea aceea în care nu știi ce să faci. Fie te superi, fie abandonezi, fie ceri păreri și de puține ori te vezi din exterior și te întrebi ce ai face tu într-o situație de acest fel.

Aceste stări apar, mai ales, atunci când ai decizii importante de luat. E ca și cum ai alerga de două ori pe an să te antrenezi pentru un concurs, sperând să-l câștigi.

Dacă am privi lucrurile la microscop, am observa că asemenea decizii le iei în fiecare secundă, nu doar atunci când apare ceva, aparent important, începând cu primul gând pe care-l ai de dimineață.

Făcând acest lucru zi de zi, mușchiul luării unei decizii devine antrenat în orice situație, pentru că ai sub control atitudinea cu care privești viața.

Atunci când bei apă, o faci rapid, numeri, spui ceva în gând, bei automat? Te simți bine, hidratat, fericit, mulțumești, chiar dacă este vorba de ceva banal?

Sau te bucuri?

De ce să te bucuri?

Că ai alegeri pe care să le faci. Că ai această libertate și că totul depinde de tine.

De unde știi că ai făcut o alegere bună?

Știi cum te simți, pentru că tu, cel fără măști, alegi într-un fel și tu, cel cu măști, faci alegeri în funcție de factori externi.

Reiau. Important este să fii atent la tine.

De unde știi că ai luat o decizie bună?

Te simți bine.

De unde știi când alegerea nu ți se potrivește?

Te simți rău. Apar emoții care nu-ți plac.

Și chiar dacă se întâmplă să cedezi presiunii exterioare, tot te poți bucura. Pentru că mereu poți reveni alegând ce vrei tu, cu adevărat.

Şi în cazul literelor tot alegeri faci atunci când ţii în mână un stilou, faci o pauză şi te gândeşti cu câţi „i" se scrie un cuvânt, de exemplu.

Ziua a 39-a – Noştri şi voştri se scriu într-un singur fel

Soarele mângâie uşor pământul, ajungând până la ultima şuviţă de păr sau până la fluturele care zboară cu graţie, ştiind că poate fi ultimul lui zbor, alegând totuşi să se bucure în cel mai frumos mod posibil. Pentru el nu există starea de conflict în care nu ştie ce să facă: să dea din aripi sau nu? El doar zboară, simţind că asta îl face să se simtă bine.

De asemenea, soarele străbate şi până la cea mai mică şi poate neînsemnată literă scrisă cu mult entuziasm de un om care învaţă să scrie. Pentru că o literă doar este şi atât. Nu-şi pune întrebări dacă să mai ia un baston pe lângă ea s-o sprijine. Un cuvânt, atunci când este în armonie cu el însuşi, se bucură când oamenii îl scriu corect, îl respectă şi se simte acceptat în marea familie de cuvinte.

În acest cadru feeric apare şi Iulian, bucuros şi nu prea. Mai mult îngândurat.

- Bună ziua, dle M!

- Bună să-ți fie inima!

- Azi sunt puțin pus pe gânduri. Sau ele m-au înconjurat. Nici eu nu știu.

- Dacă vrei să vorbești cu cineva, eu te ascult cu plăcere.

- Mulțumesc. Acum nu. Știu ce am de făcut. Doar să mă concentrez. Ce comoară descoperim azi?

Și dl M caută în cufărul unde sunt comorile, adică alege în minte un cuvânt.

- Știu. Ne împrietenim cu două cuvinte care sunt aproape la fel. Este vorba de pronumele/adjectivele pronominale posesive **noștri** și **voștri**.

- Sună frumos. Dar ce probleme au ele?

- O literă.

- Atât? Nu înțeleg.

- Oamenii, din grabă sau din neglijență, le scriu greșit uneori.

Le iau din frumusețe. Știi, fiecare cuvânt, ca și în cazul oamenilor, a luat ființă cu frumusețea lui. În timp, cei care scriu mai taie câte ceva, după pofta inimii. Ca și cum ai vedea un arbore minunat, vechi de sute de ani, puternic și cu o coroană bogată și ai începe să-i tai crengile.

Băiatul se întristează și își lasă privirea în jos.

- Nu-ți face griji, Iulian, tu ai alegerea să respecți cuvintele și să le lași libertatea de a fi așa cum sunt ele. Fără să le sufoci, să le tai o mână sau un picior.

Și acum să revenim la cele două cuvinte. Mai întâi, îți vorbesc despre *noștri*.

- Cum știi că este adjectiv? întreabă Iulian curios.

- Atunci când lângă *noștri* este și un substantiv, înseamnă că ai de-a face cu un adjectiv pronominal.

Uite:

- *noștri* – pronume posesiv

> Ai noștri au plecat.

- *noștri* – adjectiv pronominal posesiv

> Părinții noștri au plecat.

Noștri este la persoana I, numărul plural (noi – noștri).

Unii oameni au tendința să scrie *noștri* cu doi i, adică *noștrii*. Însă acest lucru nu este posibil, deși, la rostire, s-ar putea să auzi un i mai prelungit.

La fel este și în cazul pronumelui/adjectivului pronominal posesiv *voștri*.

- *voștri* - pronume posesiv

> Ai voștri au venit.

- *voștri* - adjectiv pronominal posesiv

> Părinții voștri au venit.

- Cele două cuvinte sunt ca două surori, nu? întrebă copilul cu o privire curioasă.

- Poți spune și așa. Ele se au una pe alta.

- Ce frumos! Ce frumos! Ce descoperire am făcut azi! Mulțumesc, dle M!

- Cu mult drag, Iulian! Doar câteva vorbe să-ți mai spun:

- ❖ Tu alegi atitudinea cu care tratezi fiecare lucru, oricât de mic ar fi. Scrise în dicționar, cuvintele ar putea să pară doar simple cuvinte. Însă, prin tine, prin faptul că le foloseşti, ele capătă viaţă. Tu le dai viaţă şi ai puterea să le laşi fie libere, aşa cum vrei să fii şi tu, fie poţi să le pui măşti.

❖ *Noştri* şi *voştri* se scriu întotdeauna cu un singur i.

Te-ai gândit vreodată că tot ce-i în jurul tău poate fi privit ca o simfonie? Ce minunat ar fi dacă toată lumea ar auzi-o şi ar trăi, ar dansa în armonie cu notele muzicale. Totul în jur e muzică. Numai să asculţi cum totul formează, împreună, o voce.

Ai observat, oare, cum fiecare literă are un sunet specific? Şi de fiecare dată diferit, în funcţie de persoana care o scrie sau o rosteşte. Literele, privite în ansamblu, formează o simfonie pe care o poţi auzi şi o poţi vedea. Doar închide ochii şi imaginează-ţi cum ceea ce scrii se integrează armonios în natură, având un ecou până în celălalt colţ de lume.

Oh, dacă ai vedea strălucirea din ochi a oamenilor care au descoperit muzica literelor, această posibilitate de a se exprima!

Sclipirea aceasta este secretul celor despre care se spune că sunt genii. În fond, ce au descoperit ei este faptul că viaţa este ea însăşi o poveste care merită să fie spusă.

Imaginează-ţi cum viaţa te cheamă şi tot ce trebuie să faci tu este să deschizi ochii cu bucurie şi relaxare.

Ziua a 40-a – Secretul bine păzit al imperativului negativ: fii/nu fi

Pentru Iulian, viaţa lui chiar devine o poveste. Pune în aplicare tot ce învaţă de la dl M. Uneori, este de-ajuns să-l privească şi apoi intuiţia îl duce de mână şi-l sprijină să descopere acelaşi lucru şi în el însuşi. În fiecare zi, copilul scrie câte o propoziţie (sau mai multe, atunci când are inspiraţie şi timp) pentru a exersa arta scrisului. Deşi mai greşeşte cuvinte sau acorduri, închide ochii şi-şi spune că data viitoare va fi mai bine. Acum e începutul şi face tot ce este posibil să înveţe. Oricând o poate lua de la capăt şi corecta ce nu a fost bine.

Îi place să se joace, îi place să simtă cum în mintea lui totul se ordonează, iar chipul său luminos spune că e grozav să fii scriitor.

În pași de dans, cu caietul sub braț, Iulian se apropie de casa dlui M.

- Bună ziua, dle M! zice băiatul voios.

- Bună ziua, Iulian! îi răspunde bătrânul și-l ia pe copil în brațe. Atâta bucurie de mult nu a văzut pe chipul lui Iulian. Cum te simți?

- Excelent! Foarte bine! Minunat! și băiatul zâmbește din toată inima.

Azi sunt gata să iau limba română de mână și să mergem la plimbare. Bineînțeles, poți veni și tu, dacă vrei, zice Iulian râzând.

Veselia cuprinde întreaga cameră, iese pe geam și se duce mai departe, în sufletul celor care au nevoie de ea.

- Azi ce secret îmi mai dezvălui? întreabă copilul.

Dl M caută în tolba cu povești să vadă ce a mai rămas de zis.

- Desigur. Cum să nu-ți spun de imperativ? Azi, dragul meu, vorbim de imperativul afirmativ și de cel negativ. Mai ales de cel negativ.

Iulian nu prea înțelege ce-i ăla imperativ și ascultă, pregătit să scrie.

- Scrie! zice bătrânul.

Copilul face ochii mari și-i spune dlui M:

- Scriu. Ce să scriu?

Bătrânul râde.

- Acum nimic. Ce ți-am spus mai înainte era verbul *a scrie* la modul imperativ. Acesta exprimă un ordin, o rugăminte, un sfat, o urare.

Iulian, nu mai fi atât de serios! Relaxează-te!

Imperativul are două forme: afirmativ (ordin, rugăminte, sfat, urare) și negativ (interzici cuiva ceva).

Acest mod este unul special pentru că verbul se află doar la persoana a II-a, singular și plural.

Uite câteva exemple:

> Cântă!
>
> Ajută-mă, te rog!

La afirmativ:

- la singular, verbele regulate au aceeași formă ca la indicativ prezent, persoana a III-a, singular

el cântă – cântă!

el scrie – scrie!

- la plural, forma este cea de indicativ prezent, persoana a II-a, plural voi cântați – cântați!

voi scrieți – scrieți!

Diferența, în acest caz, dintre formele la imperativ și cele la indicativ prezent constă în intonație (atunci când vorbești) și în semnul exclamării (atunci când scrii).

- Toate verbele sunt așa?

- Nu. Unele au forme speciale.

Însă înainte vreau să-ți dezvălui secretul pe care puțini oameni îl știu.

Este vorba de imperativul negativ (atunci când spui cuiva să nu facă ceva).

Și aici este o regulă care spune că imperativul negativ se formează așa:

NU + verbul la infinitiv (forma din dicționar)

Acum iată verbele cu forme speciale la singular:

A zice:

- zi! (imperativ afirmativ): Zi ceva și tu!

- nu zice! (imperativ negativ): Nu-i zice secretul nostru!

A fi:

- fii! (imperativ afirmativ): Fii la timp la întâlnire!

- nu fi! (imperativ negativ): Nu fi trist, totul are o soluție!

A face:

- fă! (imperativ afirmativ): Fă ce ți-am spus!

- nu face! (imperativ negativ): Nu face acum pasul acesta!

A duce:

- du! (imperativ afirmativ): Du-ți haina în camera ta!

- nu duce! (imperativ negativ): Nu duce nimic, au ei totul pregătit!

A aduce:

- adu (imperativ afirmativ): Adu-mi un ceai, te rog!

- nu aduce (afirmativ negativ): Nu aduce și câinele în casă!

A conduce:

- condu (imperativ afirmativ): Condu relaxat!

- nu conduce (imperativ negativ): Nu conduce atunci când ești obosit!

A veni:

- vino! (imperativ afirmativ): Vino cu mine, te rog!

- nu veni! (imperativ negativ): Nu veni acum, mâine vreau să vorbesc cu tine.

Este o capcană în care mulți cad. La imperativ negativ, mulți oameni scriu cu doi i verbul, atunci când acesta este la infinitiv și are doar un i:

corect	greșit
Nu fi	Nu fii
Nu veni	Nu venii
Nu zice	Nu zii
Nu citi	Nu citii

Și acum iată verbele la imperativ, la plural:

A zice:

- ziceți (imperativ afirmativ): Ziceți ce ați făcut în vacanță!

- nu ziceți (imperativ negativ): Nu ziceți nimic dacă nu sunteți siguri!

A fi:

- fiți (imperativ afirmativ): Fiți atenți când vine poștașul!

- nu fiți (imperativ negativ): Nu fiți uituci și de data asta!

A face:

- faceți (imperativ afirmativ): Faceți-vă mai întâi curaj și apoi plecați la drum!

- nu faceți (imperativ negativ): Nu faceți acum curățenie, nu e timp!

A duce:

- duceți (imperativ afirmativ): Duceți-vă mai repede, să prindeți trenul!

- nu duceți (imperativ negativ): Nu duceți și sticla cu apă, o iau eu!

A conduce:

- conduceți (imperativ afirmativ): Conduceți prudent!

- nu conduceți (afirmativ negativ): Nu conduceți atunci când este polei!

A veni:

- veniți (imperativ afirmativ): Veniți și voi, este loc destul!

- nu veniți (imperativ negativ): Nu veniți la ora cinci, atunci nu mai e nimeni!

- Și am reușit! Am descoperit și secretul imperativului! spune Iulian cu mult entuziasm și cu strălucire în ochi.

- Nu fi trist, fii fericit! E bine, dle M?

- E perfect! Ai prins repede. Ești un băiat extraordinar! Amintește-ți înainte să pleci:

> ❖ Scriitorii au puterea de a scoate emoții de mult uitate. Bucură-te că tu ai să faci asta în curând și păstrează-ți strălucirea din ochi. Asta spune totul despre un om. Însă, dacă stau bine și mă gândesc, tu

deja scoți emoțiile la iveală. Fie numai și în imaginația ta.

- ❖ Imperativul negativ se formează așa: NU + verbul la infinitiv.

Ziua a 41-a – Membrii echipei știu câți membri lipsesc

Trage aer în piept, așază-te relaxat, închide ochii, clipește și fotografiază ce vezi. Apoi, fă modificări asupra primului tablou. Ai o mulțime de alegeri. Poți să:

- Îl simplifici
- Îl îmbunătățești, adăugând elemente noi
- Schimbi contrastul
- Schimbi timpul zilei
- Schimbi anotimpul
- Schimbi culorile, lumina
- Îl rotești
- Îl faci să fie ca o pată de cerneală, conturat cu creionul

Și lista continuă.

Toată lumea poate face asta. Se numește imaginație și este un element esențial al fericirii, având puterea să schimbe percepția despre realitate. Puterea interioară se bazează pe imaginație, iar ea ne conturează viața.

Cu ajutorul ei s-a schimbat și Iulian, deși nu este mereu conștient de asta. Și-a creat propriul univers, pornind de la o sămânță de idee. Iar partea cea mai grea pentru el a fost să se obișnuiască cu imaginația. La început, îi simțea prezența, parcă îl urmărea peste tot. Atunci când astfel de lucruri se schimbă, un nou stil de viață e mai greu de acceptat. Însă Iulian și-a dorit atât de mult...

Atât de mult încât, azi, atunci când se îndrepta către dl M, a început să plouă. Putea să reacționeze oricum, iar el a ales să se imagineze că stătea în fața unei mulțimi, cu cartea sa în mână, în timp ce afară plouă, vorbind despre personajele cărora le-a dat viață.

Cu gândul ăsta înainta Iulian către casa bătrânului care-l aștepta cu nerăbdare.

- Bună ziua, dle M!

- Bună ziua, Iulian! Intră, te rog!

- M-am strecurat printre picăturile de ploaie și am venit repede încoace.

Încă respira greu pentru că a venit repede, însă chipul său luminos parcă alunga ploaia. Era ca un scut împotriva realității din afara universului său, o extensie a sufletului.

A venit pregătit să îmbrățișeze cu drag ce-i spunea dl M.

- Ce facem azi?

- Azi adăugăm sau ștergem câte un i de la anumite cuvinte.

Și Iulian se uită cu ochii strălucind de bucurie la bătrân.

- Extraordinar! Ce stare frumoasă ai, Iulian! Ți-a plăcut să vii prin ploaie.

- Da și nu. În mintea mea erau alte imagini, cu mine, în fața unor oameni, ținând cartea în mână și vorbindu-le cum am scris eu cartea.

- Minunat! Asta se cheamă imaginație. Și tu ai foarte multă. O să te ajute în viață. Hai să facem ceva înainte să vedem cum ne mai provoacă limba română.

Este tot un exercițiu de imaginație, pe care îl vei continua tu acasă. Fii atent la detalii:

Relaxează-te, închide ochii și acum imaginează-ți că te uiți la ce-i în jurul tău printr-un cub de gheață care se topește.

Ce simți? Ce se schimbă? Cum se schimbă? Ce vezi? Ce auzi? Ce culori sunt? Cum sunt îmbrăcați oamenii? Și te poți juca așa la nesfârșit. Îți antrenezi puterea de concentrare și imaginația.

Iulian rămâne fascinat. Nu s-a gândit niciodată în felul acesta la ce-i în jur. De-abia așteaptă să se joace, să adauge, să schimbe, să privească totul diferit.

Cu nerăbdare, băiatul se pregătește să scrie, să mai treacă un hop.

- Cuvântul de azi este „membru".

- Eu nu văd nimic interesant la el. Care-i capcana?

- O literă. În plus sau în minus.

- Vreau să-ți dau mai întâi trei exemple:

> Lipsește un **membru** al familiei.
>
> **Cei doi membri** ai clubului de tenis s-au retras.
>
> **Membrii** acestui grup au participat la concurs.

- Ce observi în toate cele trei cazuri?

- Au forme diferite. Se scriu când cu un i, când cu doi i. De ce?

- Îți spun acum.

- (un) **membru** este la singular; aici nu este nicio problemă

- **membri** este la plural, nu e articulat și are doar un singur i

- **membrii** este tot la plural și este articulat; primul i este desinența de plural și al doilea este articolul hotărât i

Poți face paralela cu *copii/copiii:*

> Maria are doi copii.
>
> Copiii mei sunt plecați la joacă.

- Dle M, cum știu că un cuvânt este articulat și altul nu este?

- Foarte bună întrebarea, Iulian!

- Scrii cu un i, la plural, nearticulat (membri) atunci când subiectul nu este cunoscut.

> Doi membri ai grupului au ajuns la timp. (nu știi despre cine este vorba, pot fi doi membri oarecare)

- Scrii cu doi i, la plural, articulat (membrii) atunci când subiectul este cunoscut.

> Membrii formației mele preferate au început repetițiile. (aici știi despre cine este vorba, îi știi, le asculți cântecele)

- Dle M, mai sunt și alte cuvinte așa?

- Desigur, și dl M începe să scrie pe o foaie alte cuvinte asemănătoare.

ministru: A fost ales un alt ministru al Educației.

miniștri: Nu mai știu câți miniștri au fost la întâlnire.

miniștrii: Președintele s-a întâlnit cu miniștrii din Olanda și din Elveția.

litru: Vreau să cumpăr un litru de lapte.

litri: Câți litri de lapte ai luat?

litrii: Tata a aruncat litrii de lapte cumpărați de mine.

celebru: Vreau să ajung un cântăreț celebru.

celebri: Îi admir pe oamenii celebri.

celebrii: Celebrii pictori, despre care s-a scris în ziar, au avut o expoziție la Paris. („celebrii", în cazul adjectivelor, preia articolul substantivului „pictori" prin inversiune – „pictorii celebri")

negru: Fata avea părul negru și lung.

negri: Se uita la mine cu ochii ei negri și mă analiza.

negrii: Negrii cu care m-am întâlnit au fost foarte amabili.

maestru: Vreau să devin un maestru ca tata.

maeștri: Cei doi maeștri m-au privit și au venit către mine.

maeştrii: Maeştrii cunoscutului cântăreţ sunt foarte pricepuţi şi au intuit soluţia.

mândru: Fratele meu este mândru pentru că a reuşit la examen.

mândri: Părinţii mei sunt mândri de mine.

mândrii: Mândrii flăcăi au ieşit în sat la joc.

- Şi am mai descifrat un mister. Uneori, aceste cuvinte care se termină cu i sunt adevărate provocări, pentru că unii oameni le confundă foarte des. Dacă eşti atent şi nu scrii ca un roboţel, atunci când ai dubii, spui cu voce tare acel cuvânt şi vei sesiza diferenţa. În pronunţie, se observă bine, deoarece cuvintele cu doi i au un i mai prelungit.

- Oh, ce bine că acum ştiu! spune copilul. Sunt sigur că o să mă ajute mult. Şi acum merg acasă. Vreau să văd lumea printr-un cub de gheaţă.

Dl M zâmbeşte blând. Iulian se va distra copios exersând.

- Perfect! Aminteşte-ţi doar:

- ❖ Imaginaţia este prietena ta. Este în tine, doar să-i dai voie să iasă la suprafaţă. Tot ce vezi a fost creat cu ajutorul imaginaţiei. De alţii. Acum este timpul să o foloseşti să-ţi construieşti propriul univers.

❖ Scrii cu doi i atunci când este vorba de ceva cunoscut, adăugând articolul hotărât.

Ziua a 42-a – Vi s-a întâmplat să vă urcați în vii după struguri?

Uneori, impresia că zilele sunt trase la indigo parcă te sufocă, te bagă într-o cameră cu ușa deschisă, de unde simți că nu mai poți ieși.

Mereu, mereu, mereu se întâmplă același lucru. Te-ai surprins vreodată spunând asta? Mai ales atunci când e vorba de ceva ce nu-ți face plăcere.

Atunci când spui mereu, e ca și când ai merge la magazin, ai cere întotdeauna același lucru și, în adâncul sufletului tău, ai aștepta ca vânzătorul să-ți dea altceva. Ce anume ceri, acel lucru primești.

Atunci când se întâmplă asta și te nemulțumește, oprește-te puțin și observă-ți gândurile. Spui mereu același lucru și vrei ceva diferit? Derulează caseta și pune pe foaie ce ai zis. Întotdeauna se întâmplă așa. De ce? Pentru că tu asta ceri. Cu furie, cu nemulțumire.

După ce ai conștientizat asta, rupe cercul vicios. Până acum ai cerut (conștient sau fără să-ți dai seama) un lucru. Acum, puterea este tot la tine. Ce faci atunci când ceva nu este în ordine? Faci altceva. Acel lucru mereu se transformă, doar să-ți ții atenția trează. Ai încredere că de data aceasta ceea ce vrei tu va fi diferit. Îți pregătești momentul, așa cum a învățat Iulian acum ceva vreme, numai cu gânduri frumoase, care să-ți bucure sufletul.

Așa a trecut băiatul de la trăirea unor zile cenușii, monotone, în care cearta era ceva obișnuit, la ceva cu totul magic. Perioada aceasta de tranziție a fost plină de peripeții emoționale pentru că el era obișnuit într-un fel, mintea lui nu se mai obosea să caute alte sensuri, era un drum deja format. Iar Iulian încerca să o combată. Atunci când apărea gândul „Nu pot", băiatul, fiind atent la lumea lui interioară, imediat spunea: „Ba pot! Uite că pot!", își îndrepta spatele și privea în sus, astfel fiindu-i imposibil să fie supărat. Totul vine cu ușurință la tine atunci când înlocuiești un stil de a gândi cu altul. A fost, într-adevăr, un meci de ping-pong la început.

Apoi a fost din ce în ce mai ușor. Ca și cum sfoara cu care erai legat se slăbea din ce în ce mai mult, eliberându-te de eforturile pe care le făceai, crezând că așa este cu adevărat în viață. Însă ea doar este. Depinde de tine cum alegi să o trăiești, ce atitudine ai.

Lui Iulian îi vine să spună din ce în ce mai mult cuvinte cu care nu era obişnuit înainte, care sunau ciudat la început. Apoi simte că i se potriveau ca o mănuşă. De când îl cunoaşte pe dl M, tot descoperă că poate transforma toate gândurile negative în unele pozitive. În timp ce face treabă, reformulează tot ce-l face să se simtă rău. Şi acum, că ştie şi cuvinte din limba română pe care să le rostească şi să le scrie corect, încrederea lui a crescut foarte mult. Atunci când vorbeşte ceva, este sigur de ce spune. Nu mai ţine privirea în pământ, căutând mila celorlalţi, ci stă drept şi este atent să-şi aleagă cuvintele.

Atunci când vine la dl M, pe drum, îşi zice în gând ceva de bine şi repetă încontinuu, până când mintea lui se obişnuieşte şi nu mai opune rezistenţă.

- Bună ziua, dle M!

- Bună să-ţi fie inima, Iulian! Cum te simţi azi?

- Foarte bine. Atunci când veneam la tine mă gândeam despre ce aş putea să scriu în cartea mea.

Bătrânul zâmbeşte şi-i spune copilului:

- Să ţii mereu gândul ăsta aproape de tine şi vei vedea că într-o zi apare şi răspunsul.

- Azi ce învăţ nou?

- Un verb, *a veni*.

- Interesant. Ce capcane întinde el?

- Iarăşi un i.

- De-abia aştept să aflu.

- Hai să vedem atunci! Îţi scriu câteva forme la modul indicativ prezent:

Eu vin   Noi venim

Tu vii   Voi veniţi

El/ea vine   Ei/ele vin

Aici, la persoana a doua, singular, forma este mereu cu doi i:

> **Tu vii**

Apoi, avem aşa:

Eu voi veni   Noi vom veni

Tu vei veni   Voi veţi veni

El/ea va veni   Ei/ele vor veni

La modul viitor, forma este mereu cu un i, deși unii oameni scriu „voi venii", ceea ce nu este corect.

Eu aș veni   Noi am veni

Tu ai veni   Voi ați veni

El/ea ar veni   Ei/ele ar veni

Din nou, avem un singur i. **La modul condițional-optativ, verbele au mereu un i.**

Asta se întâmplă atunci când este verb.

Însă mai sunt câteva lucruri de zis, pe care oamenii le confundă, cu privire la forma „vii".

- Se scrie „vi" atunci când este pronume, la persoana a II-a, plural.

> Vi s-a spus ce aveți de făcut ? (vouă - vi)

- Se scrie „vii" atunci când este adjectiv.

> Deși mașina s-a răsturnat, cei doi oameni din ea sunt vii.

- Se scrie „vii" atunci când este substantiv, pluralul de la vie.

> Când eram copil, mă urcam în <u>vii</u> să culeg struguri.
>
> Când eram copil, mă urcam în <u>viile</u> vecinilor după struguri.

- Se scrie cu trei i, viii, atunci când este substantiv articulat, ca în exemplul următor:

* Viii cu viii, morții cu morții.

- Mulțumesc. O să fiu atent de acum. E minunat și interesant cum un cuvânt poate avea atâtea forme și înțelesuri.

Înainte de a pleca, Iulian, ține minte:

- ❖ Atunci când zici mereu, mereu așa se întâmplă, fii atent la ce gând te referi. Ceea ce îți spui, aceea primești, deși tu nu îți dorești asta. Ca să rupi cercul vicios, fă o mică schimbare dacă ceea ce vine în viața ta nu îți place.

- ❖ Pronume – vi (vouă – vi)

Verb – vii (tu vii)

Adjectiv – vii (viu-vii)

Substantiv – vii (vie – vii)

Substantiv – viii

La viitor, se scrie cu un singur i (voi veni).

La condițional-optativ (prezent), se scrie cu un singur i (aș veni).

Ziua a 43-a – Atunci când știi că nu știi nimic, ești cu adevărat înțelept

Iulian a pornit în călătorie acum ceva timp condus de dorință și îndoială. Inima îi tresălta la gândul că vrea să scrie, însă corpul îi tremura atunci când se gândea la asta. Frica se strecura printre clipele de exaltare și-i punea piedici.

Întâlnirea cu dl M a însemnat un moment emoționant, având un impact mare asupra evoluției băiatului.

Învățarea a făcut-o pas cu pas, prinzând încredere și putere în fiecare zi.

Mai întâi, a fost dorința.

Apoi, speranța.

După aceea, renunțarea.

Aceasta l-a condus către un învățător care l-a luat de mână, i-a explicat reguli, cuvinte și l-a lăsat să și le însușească. A dat praful la o parte și i-a insuflat iubire pentru litere, iubire pentru sine și sprijin atunci când Iulian era jos. Sprijinul în tăcere, deși pentru unii este dureros, poate ajuta mai mult decât câteva unelte date de-a gata.

Dorința bătrânului era ca Iulian să-și dea seama că el deja știe că ce vrea el atât de mult se va îndeplini însă este necesară o încredere de fier. Și un lucru foarte important constă în pregătirea de dinainte a tot ce vrei să faci. Câtă liniște, iubire și încredere ai înainte. Atitudinea face parte, de asemenea, din procesul creației. Cu aceste gânduri, pur și simplu știi că vei face o treabă excelentă. Arunci semințe în locul unde vrei să „calci", astfel că atunci când vei ajunge în acel punct, te vei încărca cu puterea semințelor semănate înainte. Și această intenție va crește foarte mult, odată cu tine și prin tine, atingând și inimile celorlalți.

Cu o stare de spirit foarte bună, Iulian se apropie de casa bătrânului cu inima ușoară și cu caietul în mână.

- Bună ziua, dle M!

- Bună ziua, Iulian! Cum te simți azi?

- Din ce în ce mai bine. Și pentru asta vreau să-ți mulțumesc.

- Treaba tu ai făcut-o, copile drag! Nimeni nu poate simți în locul tău. Tu ești responsabil pentru gândurile, emoțiile, acțiunile tale. Eu doar sunt fericit să observ cum crești. Știi acum exact, datorită muncii tale de a scoate la iveală latura luminoasă din tine, că puterea este în interiorul tău. Și ceea ce vrei tu să faci, să scrii, este ca o extindere a acelei puteri. Doar tu alegi cum folosești cuvintele.

Ochii băiatului s-au umplut de lacrimi care-i curg șiroaie pe obraji, căzând-i pe haine și apoi pe podea. Nu știe nici el de ce plânge, însă știe că îi face bine.

- Azi cum ne jucăm cu cuvintele, dle M?

- Dacă tot am vorbit de faptul că tu deja știi ce vrei să afli de la mine, ascultarea în tăcere fiind importantă pentru acest lucru, îți propun verbul „a ști".

Și o să încep prin a-ți spune că, din nou, ceea ce îl face complicat este un i.

Să începem să săpăm la ceea ce unii consideră că este complicat:

Infinitiv – a ști

Indicativ prezent

eu știu   noi știm

tu știi   voi știți

el/ea știe   ei/ele știu

Viitor (la toate formele este cu un „i")

eu voi şti	noi vom şti
tu vei şti	voi veţi şti
el/ea va şti	ei/ele vor şti

(**Viitor popular** format cu ajutorul conjunctivului prezent: o să ştii)

Conjunctiv prezent (îl recunoşti după conjuncţia „să")

eu să ştiu	noi să ştim
tu să ştii	voi să ştiţi
el/ea să ştie	ei/ele să ştie

Condiţional prezent (exprimă o acţiune a cărei realizare depinde de îndeplinirea altei acţiuni)

- *a şti* are la toate formele un i:

eu aş şti	noi am şti
tu ai şti	voi aţi şti
el/ea ar şti	ei/ele ar şti

Imperativ

Ştii! (Ştii şi nu vrei să-mi zici.)

Toate aceste forme sunt valabile şi când verbul este la negativ, doar că adaugi adverbul „nu".

- Puţin cam greu cu *a şti* ăsta.

- Hai să facem o pauză! Apoi vom vedea cât e de greu.

La întoarcere, Iulian avea gândurile mai clare.

Iar dl M începe să-i spună pe un ton blând, răbdător:

- Hai să reluăm ce am zis mai înainte:

Verbul *a ști* se scrie cu **doi i** atunci când este la:

- **Indicativ prezent** - tu știi
- **Conjunctiv prezent** - îl recunoști după conjuncția „să": tu să știi, tu să nu știi
- **Viitor format de la conjunctivul prezent:** o să știi, nu o să știi
- **Imperativ - tu știi!**

Verbul *a ști* se scrie cu **un i** atunci când este la:

- **Infinitiv** (forma din dicționar) – a ști
- **Viitor** – eu voi ști, tu vei ști etc.
- **Condițional prezent** – eu aș ști, tu ai ști etc.

- Încă o comoară în cutia mea prețioasă. Mulțumesc, dle M! Nu e așa de greu, până la urmă!

- Lucrurile sunt dificile dacă tu crezi și spui mereu că sunt dificile. În realitate, dacă reușești să clarifici lucrurile și le faci simple, totul se așază, piesă cu piesă, ca într-un puzzle.

Înainte să pleci, aminteşte-ţi, te rog:

- ❖ Nu poţi şi nici nu cred că vrei să mănânci toată mâncarea într-o zi. În fiecare zi îţi iei ce-ţi trebuie, cât îţi trebuie.

  Aşa e şi cu gramatica. Înveţi treptat până ajungi să ştii destul de multe lucruri şi ai încredere în tine. Însă atitudinea de la început este esenţială. Ea îţi spune dacă vei reuşi sau nu.

Atitudinea lui Iulian este, în acest moment, cea a unui om conştient că poate realiza foarte multe, doar folosindu-se de puterea lui interioară. Acum are mai puţine clipe când cade, când ştie cât de puternic este, având toate uneltele la dispoziţie să-şi revină repede.

În fond, nici nu are nevoie de nimeni atunci când este conştient că sentimentul de frică, neîncredere, îndoială nu-l ajută cu nimic şi că toate aceste senzaţii sunt un obstacol între el şi tot ce-şi doreşte.

Lăsând la o parte toate acestea, cea mai mare realizare este atunci când devii acea persoană care are tot ce vrea înainte să aibă, atunci când eşti fericit, mulţumit, împăcat, împlinit înainte să ai lucrurile care te-ar putea face să simţi aceste trăiri. În acel moment, partea materială este un bonus, adevărata comoară fiind strânsă în interior, crescută în zâmbete, veselie, bunătate, strălucire a ochilor, recunoștință, iubire, curiozitate, calm, încredere.

Bătrânul a fost până acum un ghid, un om care l-a observat pe Iulian din umbră. A fost mai mult decât un părinte; mai degrabă, o proiecție a băiatului care putea să devină, acesta amintindu-și trăsăturile care-l pot face un geniu, un om care și-a depășit condiția. Pentru a ajunge la acest nivel, tot ce a mai rămas de făcut era să primească, să-și deschidă inima și să fie curajos pentru a lăsa trecutul în urmă.

Dl M se gândește de mult la asta, însă acum simte că este momentul potrivit.

- Bună ziua, dle M! spune copilul vesel.

- Bună ziua, Iulian! Mă bucur să te văd.

- Ce facem azi? întreabă Iulian nerăbdător.

- Înainte să-ți spun ce descoperim azi vreau să povestim puțin.

Inima bătrânului începe să bată mai tare, parcă la unison cu cea a băiatului, în interiorul căruia se naște o teamă de seriozitatea dlui M.

Bătrânul își ia puțin timp să se liniștească și-și pregătește în minte și în inimă momentul următor. Știe că ceea ce urmează este spre binele copilului.

- Uite, spune dl M, și zâmbește. Mai știi ce simțeai atunci când ai venit prima oară la mine?

- Da, îmi era teamă și nu aveam încredere în mine.

- Și acum ce simți când vii la mine?

- Bucurie, nerăbdare, mai multă încredere.

- Tu înveți și acasă?

- Da. Atunci când am timp. Ți-am spus că în fiecare zi scriu câte o propoziție.

- Și cum te simți când faci asta?

- Uneori, am impresia că e magie. Parcă n-aș fi eu, cel de acum câteva luni. Mă simt extraordinar. Atunci când scriu ceva, știu sigur că e corect, iar atunci când greșesc, nu mă mai supăr pe mine, familia mea mă lasă în pace pentru că am vorbit cu ea. E minunat. Dar de ce mă întrebi asta, dle M?

- Pentru că... pentru că... noi doi mai facem două lecții împreună. Acum poți să zbori și singur. Știi cum.

Instant, ochii lui Iulian s-au umplut cu lacrimi. Simte furie, îi vine să țipe, să fugă, să spargă ceva, să rupă caietul. Însă nu poate face nimic din toate astea. Parcă a împietrit. Teama i se citește pe chip. Dezamăgirea.

- Dar mi-ai promis! Mi-ai promis că mă înveți! țipă deodată băiatul.

Și lacrimile lui Iulian cad în cascadă, se rostogolesc și se opresc pe haină.

- Nu poți să mă lași acum! Ești prietenul meu cel mai bun și... și... ce mă fac fără tine?

Bătrânul nu scoate un cuvânt, doar plânge în tăcere. Știe că momentul ăsta este greu. Totuși, nu-l poate amâna la nesfârșit. Vrea să-l ia în brațe pe Iulian, însă alege să-l lase singur. Are atâta încredere în el, încât îl lasă să treacă singur prin asta.

Băiatul se așază pe jos, își acoperă fața cu mâinile și plânge în hohote.

- Cum poți să mă lași singur acum? Cum poți... și ce zice nu se mai înțelege pentru că plânge cu atâta patos, încât în jurul lui podeaua este udă. Hainele îi sunt ude, are ochii roșii. Nu-i mai pasă de nimic.

Se ridică să-l ia în brațe pe dl M și să nu-i mai dea drumul niciodată. În schimb, fără să spună nimic, pleacă. Sau, mai bine zis, fuge. Afară plouă torențial, iar Iulian fuge prin ploaie, înnebunit de durere, neînțelegând ce se întâmplă.

Dl M rămâne neclintit, privind în gol pe geam și ce simte el acum cu greu poate fi descris. Deși știe că este o decizie bună pentru Iulian, și lui lacrimile îi curg șiroaie, simte un nod în gât însă își repetă de câteva ori:

- Am încredere în Iulian. Acum știe ce să facă, știe ce-i mai bine pentru el. Trebuie să-și ia întreaga putere înapoi.

Înainte să adoarmă, dl M aude un ciocănit puternic în ușă. Îi tresare inima, însă deschide ușa.

Este Iulian. Ud până la piele, cu ochii umflați de la plâns, cu mâinile murdare și cu o întrebare pe buze:

- Ai spus că mai avem două lecții de făcut împreună. Așa ai zis. Promite-mi că mai faci cu mine două lecții!

Băiatul are o atitudine războinică, sigur pe el, parcă gata de luptă.

Bătrânul zâmbește. Așa îl vrea pe Iulian, stăpân pe sine și încrezător. Veselia o să și-o recapete mai încolo atunci când se va liniști vulcanul emoțional.

- Ai cuvântul meu, Iulian!

Cei doi se îmbrățișează, copilul mai strecoară câteva lacrimi, de data asta de bucurie și puțină teamă de necunoscut.

Însă e normal să fie așa. Este o perioadă care va trece. În schimb, momentul acela, atunci când el va fi conștient de frumusețea și perfecțiunea care sunt adânc înrădăcinate în sufletul lui, va fi memorabil. Îi va mulțumi dlui M și va binecuvânta lacrimile vărsate acum din furie.

- Și acum? întreabă bătrânul. Rămâi la mine sau pleci? și zâmbește.

- Știi, dle M, afară plouă foarte tare și hainele sunt încă ude...

- Atunci rămâi la mine. Și mâine facem penultima lecție.

Uitând un pic vestea pe care bătrânul i-a dat-o, chipul lui Iulian se luminează, sperând parcă să întârzie momentul acela când nu va mai veni la dl M să învețe română.

Ziua a 44-a – Fii genial, nu fi nerăbdător!

Vorba aceea că după furtună se arată curcubeul este atât de adevărată.

Azi este o cu totul altă zi. Senină, cu soare și cu fețe luminoase.

- Bună dimineața, Iulian! Cum te simți azi?

- Simt tristețe, și oftează adânc.

Dl M nu spune nimic, ci pregătește micul dejun.

- Hai să ne umplem rezervorul pentru o nouă zi, Iulian! Să-ți amintești după aceea să observi ce zi frumoasă se așterne în fața ta. E păcat să o umbrești cu tristețe.

Băiatul lasă privirea în jos și nu scoate un cuvânt.

- Azi ce comoară mai descopăr, dle M? întreabă Iulian după ce a mâncat bine.

- Verbul *a fi*. Este un cuvânt foarte frumos și dă bătăi de cap multora. Însă pentru tine va fi foarte ușor, deoarece acum face parte din tine. *A fi* înseamnă evoluție, schimbare.

Este asemănător cu verbul *a ști* și are aceeași provocare, cu un i. Și hai să luăm pe rând ce trebuie să știi despre el.

La infinitiv, care este forma din dicționar, are mereu un i – a fi

A fi înțelept înseamnă a observa viața.

La viitor, forma este tot cu un i. Mereu. La toate verbele care se termină cu i:

eu voi fi   noi vom fi

tu vei fi   voi veți fi

el/ea va fi   ei/ele vor fi

La toate persoanele, *a fi* rămâne neschimbat.

La modul condițional-optativ, prezent, povestea se repetă:

eu aș fi   noi am fi

tu ai fi   voi ați fi

el/ea ar fi   ei/ele ar fi

Este același lucru ca și la viitor: forma este aceeași la toate persoanele.

Modul acesta, condițional-optativ, mai are un timp, și anume perfect, care se folosește atunci când te referi la un moment trecut, în care ți-ai dorit ceva, însă nu ai putut realiza. Formele sunt la fel la toate persoanele, cu un i.

eu aș fi fost   noi am fi fost

tu ai fi fost   voi aţi fi fost

el/ea ar fi fost   ei/ele ar fi fost

Şi acum să vedem formele cu doi i. Şi după cum, cu siguranţă, îţi aduci aminte, şi la *a şti* am zis că modul conjunctiv (îl recunoşti după conjuncţia „să") cere doi i:

eu să fiu   noi să fim

tu să fii   voi să fiţi

el/ea să fie   el/ea să fie

La fel ca şi la modul condiţional-optativ, şi la conjunctiv este timpul perfect. Dacă îl pronunţi, o să observi o diferenţă:

- la conjunctiv prezent – să fii (un i mai prelungit)

- la conjunctiv perfect – să fi fost/uitat/vorbit

- la condiţional-optativ – aş fi

- la condiţional-optativ perfect – aş fi fost

- Fii curajos, Iulian!

- Sunt, sunt! şi Iulian îşi îndreaptă spatele şi-şi ridică privirea. Iar bătrânul râde cu poftă.

- Ce mod este acesta? E ca atunci când ţi-am spus: „Scrie!"

Iulian stă puțin și se gândește:

- Știu! Știu! Imperativ.

- Minunat! Da, așa este. Câte forme are acest imperativ?

- Două. Afirmativ și negativ.

- Excelent! Felicitări! Mai știi cum este imperativul?

- Da, da, știu! La afirmativ, cu doi i; la negativ este nu + verbul la infinitiv.

- Perfect! Acum te rog să scrii tu formele verbului *a fi* la imperativ fără să-ți spun eu.

Și Iulian scrie bucuros și mândru de el însuși că a știut:

Imperativ afirmativ

Fii! (doi i)

Fii cum vrei tu să fii!

Imperativ negativ

Nu fi! (nu + infinitiv)

Nu fi așa morocănos!

Dl M îl ia în braţe şi se bucură ca un copil:

- Vezi? Vezi că ştii şi singur?

Iar băiatul inspiră adânc, fiind mulţumit în sinea lui.

- Pot! Pot şi singur!

- Bine. Acum, hai să ne uităm puţin înapoi la o propoziţie scrisă de tine:

„Fii cum vrei tu să fii."

- Primul *fii* la ce mod este?

- Imperativ.

- Mai observi şi altceva?

- Da. Mai este un verb la conjunctiv.

- Care?

- Să fii.

- De unde ştii că este la conjunctiv?

- Este conjuncţia „să".

- Bravo! Bravo! Şi ce ştim noi despre modul conjunctiv?

- Că, de obicei, se pun doi i, de aceea l-am şi scris aşa.

Dl M este foarte mândru de Iulian. Și, încet, încet își pune planul în aplicare:

- Am zis de imperativ mai înainte. Acum ce mod este la rând?

- Conjunctiv.

- Știi să scrii tu formele verbului *a fi* la conjunctiv?

Iulian, puțin temător (era prima dată când făcea asta), începe să scrie:

eu să fiu	noi să fim
tu să fii	voi să fiți
el/ea să fie	ei/ele să fie

- Foarte bine! și bătrânul zâmbește din toată inima.

Acum o să plec. Mama cred că este îngrijorată.

- Sigur! Înainte să pleci, amintește-ți doar:

- ❖ Cu sau fără mine, tu ești tot tu. Numai să te asculți în tăcere și să-ți lași inima să vorbească.
- ❖ Fii, cu doi i, se scrie doar la conjunctiv prezent (să fii) și la imperativ afirmativ (fii!).

Ziua a 45-a – Verbele cu „*i*" sunt prietenele tale

În ziua următoare, dl M îl tot aşteaptă pe Iulian, însă băiatul nu mai apare. Au trecut mai multe zile şi tot nu vine.

Bătrânul începe să se îngrijoreze.

Zilele zboară şi nici urmă de copil. Trec două săptămâni, timp în care Iulian trăieşte o gamă largă de emoţii, de la supărare, tristeţe, îndoială, furie până la încredere şi bucurie. Inima lui este împărţită din nou între un stil vechi şi un stil nou de viaţă. O să se descurce singur şi îşi repetă încontinuu în gând: „Am încredere în mine. Am încredere în mine".

Vrea să amâne cât mai mult momentul ultimei lecţii cu dl M.

Într-o dimineaţă, după ce îşi pregăteşte ziua, iese pe uşă şi vine la bătrân care îl îmbrăţişează cu lacrimi în ochi.

- Ce bine că ai venit, Iulian! Cum te simţi?

Însă Iulian, mai liniştit, nu spune nimic. Îl întreabă despre ce este ultima lecţie. Nu spune nimic pentru că nu vrea să strice momentul.

- Azi vreau să facem o recapitulare la verbele care se termină cu i. Eşti pregătit?

- Da. Sunt pregătit, spune băiatul ferm.

- Minunat! Acum vreau să te gândeşti la modurile despre care am vorbit până acum. Atunci când nu ştii cum să faci sau ai îndoieli, fii atent la ce mod este verbul.

Începem cu infinitivul (forma pe care o găseşti în dicţionar):

- a şti, a fi, a iubi, a veni...

> Un singur „i".

Viitor

- eu voi fi, eu voi şti, tu nu vei veni...

> Un singur „i" – are aceeaşi formă, indiferent de persoană.

Condiţional-optativ (prezent)

- eu aş şti, eu nu aş şti, tu ai fi, el nu ar veni...

> Un singur „i" – are aceeaşi formă, indiferent de persoană.

Condițional-optativ (perfect)

- eu aș fi știut, noi am fi venit, ei ar fi fost...

> **Un singur „i" – are aceeași formă, indiferent de persoană.**

Indicativ prezent (persoana a II-a, singular)

- tu știi (tu nu știi), vii

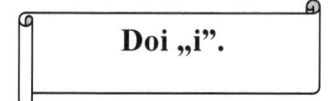

> **Doi „i".**

Conjunctiv prezent (să + verb)

- tu să știi, tu să vii, tu să fii, să scrii

> **Doi „i" la persoana a II-a, singular.**

Conjunctiv perfect (să + fi + verb)

- tu să fi știut, să fi venit, să fi fost...

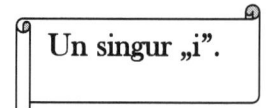

> **Un singur „i".**

- Iulian, observă, te rog, că atât la condițional-optativ **perfect**, cât și la conjunctiv **perfect** verbul are **un singur „i"**.

Imperativ

- afirmativ - Fii!

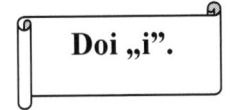

> **Doi „i".**

- negativ (nu + infinitiv) - Nu fi!

> **Un singur „i".**

Atunci când ai două verbe, unul lângă celălalt, al doilea se scrie mereu cu un i, fiind la modul infinitiv:

> Poți veni mâine?
>
> Poți ști ce a fost în mintea ei?

Însă, fii atent la următorul lucru:

- atunci când după primul verb ai o prepoziție sau o conjuncție, se schimbă situația.

> Poți să vii mâine?
>
> Poți să afli aceste informații?
>
> Crezi că știi destule ca să participi?

- Şi am terminat.

Iulian este supărat, cu lacrimi în ochi.

- Hei, Iulian, doar nu crezi că te las să pleci aşa trist!

- Nu? Aşa mă simt acum.

- Nu ai motiv, şi bătrânul zâmbeşte. M-am gândit la ceva. Noi o să ne mai întâlnim şi o să mai vii la mine.

Iulian tresare şi nu înţelege.

- Dar ai zis... ai zis că e ultima lecţie.

- Este ultima lecţie. Predată de mine. De acum, te las pe tine să vii la mine şi să-mi spui ce surprize ne mai oferă limba română.

Iulian a rămas fără cuvinte. Se uită cu uimire la dl M şi aşteaptă să-l lămurească.

- De acum, eu îţi dau nişte cărţi. Îţi spun ce să citeşti şi apoi tu vii la mine şi-mi spui ce taine au mai rămas nedescoperite.

Băiatul a rămas cu gura căscată. Nu-i venea să creadă.

- Tu vrei să vin la tine să-ţi spun ce am citit şi ce am înţeles?

- Exact asta am zis.

- Dar dacă nu înţeleg ceva, îmi spui?

- Bineînţeles. Tot o să ne mai jucăm, numai că altfel. Facem schimb de roluri.

Băiatul nu ştie ce să facă mai întâi: să râdă, să-l ia pe dl M în braţe, să alerge de bucurie prin curte...

- E minunat! Eu o să fiu căpitanul acum şi o să conduc corabia.

- Poţi să spui şi aşa, Iulian! şi bătrânul râde.

Înainte să pleci, aminteşte-ţi:

- ❖ Niciodată nu-ţi pierde încrederea. Mereu apare o soluţie, chiar mai bună decât cea de dinainte. Acum tu conduci jocul şi ai ocazia să aplici tot ce ai învăţat până acum. Dacă ai nevoie de un ajutor de căpitan, ştii unde mă găseşti.

Bravo!!! Te felicit din toată inima că ai ajuns până aici cu lectura. Ai pornit într-o călătorie importantă şi acum începi să culegi roadele.

Te admir pentru răbdare, interes, curiozitate și încredere.

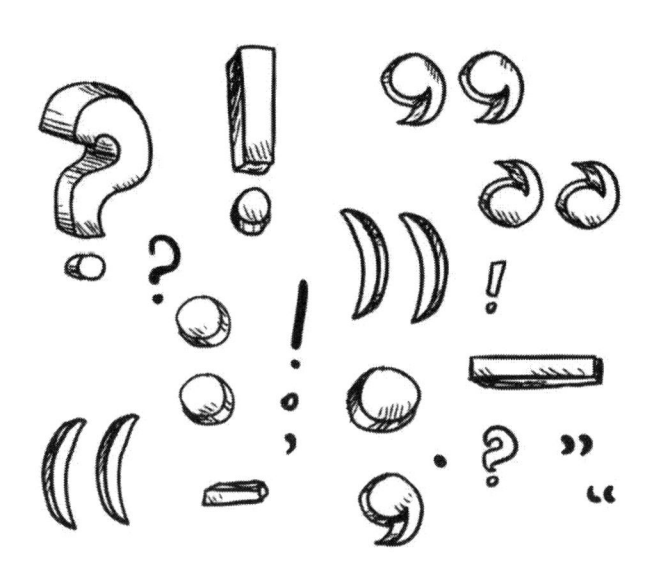

Capitolul 3
Semne de punctuație

Ziua a 46-a – Și tu poți simți punctul!

Este o zi mare pentru Iulian. De azi, el conduce jocul, ceea ce îi va aduce și mai multă satisfacție. Citind ce îi dă dl M, va putea simți pe deplin însemnătatea literelor, a cuvintelor și cum îl pot ajuta ele să-și scrie cartea.

Băiatul este în plină transformare, iar ocazia de evoluție pe care i-a dat-o bătrânul este extraordinară.

I-a dat o carte cu semne de punctuație, numărul paginilor pe care să le citească și apoi să scoată pe foaie ce a înțeles și ce întrebări are.

Iulian este foarte încântat. Entuziasmul lui deja este o carte de vizită. Sclipirea din ochi este foarte evidentă și își creează lumea lui. Diminețile le petrece citind, subliniind ce i se pare important, apoi, până seara, trăiește cu satisfacția a ceea ce a învățat la începutul zilei.

Iată că i se vede silueta în depărtare îndreptându-se către casa dlui M.

- Am venit, dle M!

- Bine ai revenit, Iulian! și dl M zâmbește. Cum a fost atunci când ai citit singur ce ți-am dat?

- La început, ciudat. Însă aveam un sentiment de libertate, de bine, de satisfacție. Asta mi-a dat energie pentru toată ziua când am avut aceeași stare în care aș fi putut face orice.

Dl M se uită la Iulian și sufletul îi zâmbește atunci când vede ce frumos evoluează acest băiat. Atunci când îți dai voie să iubești viața, să te bucuri și să te concentrezi pe lucrurile frumoase, transformarea are loc repede.

- Ce îmi povestești despre limba română? întreabă dl M.

Înainte să-mi spui, hai să mergem afară la plimbare să vorbim despre cum te-ai descurcat și vom putea admira natura, în același timp.

- Bine. Hai. Știi, cuvântul zilei de azi este punctul.

- Punctul? Interesant. Cine este și ce face punctul ăsta?

- Este un semn de punctuație, iar punctuația este totalitatea regulilor după care se folosesc semnele de punctuație. Punctul se pune la sfârșitul unei propoziții sau al unei fraze.

Uite, îți dau un exemplu:

> Vreau să vin cu tine.

- Ce observi la sfârșitul frazei? Cum este tonul? întreabă dl M.

- Puțin mai jos, parcă simt cum coboară, ca și cum te-ai da jos dintr-un copac.

Dl M zâmbește și confirmă ce a spus băiatul.

- Exact.

- Mai este ceva ce am citit și m-am mirat.

- De ce te-ai mirat, Iulian?

- Am văzut cât de important este punctul și cum poate exprima o idee diferită față de ceea ce am vrut noi să zicem.

- Cum vine asta?

- Îți dau exemple:

> Cel mai bun film al anului este „Primăvara" pentru o zi." Se joacă la cinema Patria.
>
> Cel mai bun film al anului este „Primăvara". Pentru o zi se joacă la cinema Patria.

- Vezi diferența, dle M? În cel de-al doilea exemplu, punctul schimbă total sensul.

- Minunat ce zici tu acolo.

- Și se mai folosește atunci când scrii o prescurtare.

De exemplu:

- pt. (pentru), dr. (doctor), dvs. (dumneavoastră)

- Felicitări, Iulian! Te-ai descurcat foarte bine. Îmi mai spui o dată, pe scurt, despre punct?

- Da.

- Este semn de punctuaţie.
- Se pune la sfârşitul propoziţiei sau al frazei.
- Tonul la sfârşitul unei propoziţii sau fraze cu punct este mai jos, descendent.
- Pus într-un loc nepotrivit, mesajul poate fi înţeles greşit. De aceea eu, atunci când voi scrie cartea, voi citi cu atenţie fiecare frază.
- Este util atunci când scrii o prescurtare.

- Pot să adaug ceva? întrebă dl M.

- Sigur.

- Unii oameni au tendinţa să scrie aşa cum vorbesc. Adică fără oprire, ceea ce ar duce la o frază de zece rânduri şi nu înţelegi nimic. Atunci când o citeşti, rămâi fără aer, efectiv, nu te poţi concentra şi îţi creează o stare de disconfort.

Mie îmi plac frazele mai scurte și punctul, deși uneori este lăsat la aprecierea celui care scrie, să fie pus atunci când simți să faci o pauză sau atunci când începe o idee nouă.

- Mulțumesc pentru completare, dle M!

- Cu plăcere, Iulian!

Înainte să pleci, amintește-ți:

- ❖ Sentimentul de satisfacție reprezintă esența vieții. Îți dă aripi să zbori și să ai foarte multă încredere în tine.

- ❖ Punctul înfrumusețează un text și-i dă eleganță atunci când este folosit într-un mod adecvat.

- ❖ Nu se folosește punct atunci când scrii punctele cardinale: N, S, E, V.

- ❖ Folosești punct atunci când exprimi data cu ajutorul cifrelor și ore:

03.04.2014

Ora 12.21

Ziua a 47-a – Libertatea include și punct și virgulă

Libertatea de care se bucură Iulian îl apropie și mai mult de el însuși. Acum singura persoană pe care se poate baza este el. Cu lucrurile frumoase învățate până în acest moment, având curajul să pășească singur în regatul literelor, băiatul încă mai are de străbătut câteva străzi pe acest tărâm pentru a descoperi și alte taine.

Și cu descoperirea făcută, Iulian merge la dl M să-l viziteze și să-i spună o poveste despre limba română:

- Bună ziua, dle M!

- Bună ziua, Iulian!

- Azi îți spun doar un singur lucru: am citit despre punct și virgulă. Atunci când ai o frază lungă, poți să pui punct și virgulă ca să fie mai clară și mai ușor de înțeles. Și, apoi, scrii cu literă mică.

Autorul are libertate, deoarece semnul ăsta de punctuație poate fi înlocuit cu virgulă sau punct.

Uite niște exemple:

(și băiatul le scrie pe foaie, din ce în ce mai încrezător, mulțumit că a înțeles)

> Bunica mea a ajuns acasă; istovită de drum, se așază pe pat și își alină setea cu un pahar cu apă; nepotul intră în casă și o îmbrățișează.
>
> Câinele latră; se aude un zgomot afară; a ajuns, în sfârșit, vecinul Vasile la noi.

- Vezi? În exemplele date, propozițiile sau grupurile de propoziții sunt independente (una nu depinde de cealaltă) și se aseamănă. Și atunci autorul are libertatea să aleagă între punct, virgulă și punct și virgulă.

- Felicitări, Iulian! Sunt foarte mândru de tine că ai descifrat și taina asta.

Îl ia în brațe, îl strânge cu putere, ca și cum ar urma să se întâmple ceva.

- Îți mulțumesc, dle M!

- Pentru ce?

- Pentru că ești aici pentru mine.

Ziua a 48-a - Există gânduri și după două puncte

Atunci când mai lași în urma ta o ușă, pe care ai deschis-o cu greu, capeți pe zi ce trece încredere în tine. Parcă ce ți-ai propus este atât de aproape, încât simți că dacă îți miști mâna un centimetru, îți poți atinge obiectivul. Și, totuși, între timp, ai descoperit și altceva: plăcerea pașilor făcuți și relaxarea pe parcursul călătoriei. Plăcerea transformării gândurilor în litere, în cuvintele potrivite face parte din procesul de creație și, până la urmă, din viață. O viață presărată cu lucruri mici care-ți aduc constant bucurii și care contribuie la devenirea ta te ajută să evoluezi cu fiecare gând, întrebare, observare, om întâlnit.

Iulian trece cu încredere de fiecare ușă, minunându-se de felul cum îi răspunde viața. Simte o recunoștință imensă și începe să guste din plăcerea satisfacției în urma realizării lucrurilor pe care el singur le-a creat.

Pentru el, a scrie a devenit un moment înălțător, deși e vorba doar de o propoziție în fiecare zi. Însă de fiecare dată este o altă propoziție, cu alte cuvinte învățate, descoperite, cu alte reguli și cu alte emoții. Paleta infinită a emoțiilor pe care băiatul le experimentează, simțind plenitudinea vieții, îl ajută să treacă peste faptul că dl M îl lasă acum pe el la cârma corabiei.

De fapt, totul a luat o întorsătură extraordinară. Dacă înțelegi cum are loc procesul acesta al învățării, al descoperirii micilor secrete ale limbii române, plăcerea este din ce în ce mai mare atunci când citești, înțelegi, scrii și dai mai departe. Este felul tău de a spune lumii: „Am mai înțeles ceva. Acum sunt alt om față de cel care eram acum cinci minute".

Din energia, priceperea, curiozitatea ta se naște un alt univers, creat de tine. Personajele cărora le dai viață îți împrumută credințele, cuvintele, valorile, trăirile, până la urmă totul contopindu-se, totul fiind în tot. Ce-ți mai rămâne de făcut este să te dai la o parte pentru a-ți lăsa creația să vorbească. Tu ai fost ghidul din umbră, lipind cu îndemânarea unui maestru litere, cuvinte, propoziții, fraze, ajungând la propria-ți cunoaștere și la adevărul tău.

Desprinderea lui Iulian de bătrânul M s-a făcut treptat, acesta din urmă pregătindu-și ucenicul să-și simtă strălucirea din ochi și zvâcnirea inimii, singur fiind, având curaj să se privească și să se admire, să se iubească și să aprecieze ce-i iese în cale.

Toată munca aceasta de pregătire l-a făcut pe Iulian să aibă încredere în el că poate și singur să descopere și să înțeleagă tainele limbii române.

Astăzi, băiatul vine la dl M pentru a-i spune cu încântare ce a învățat.

- Bună ziua, dle M!

- Bună ziua, Iulian!

- Am o întrebare pentru tine: cum ai știut că mă voi descurca atunci când mi-ai spus că nu mă mai înveți nimic?

- Din prima zi am știut atunci când ai venit la mine. Te-am privit în ochi și ți-am văzut pofta de a-ți îndeplini visul. Tot ce am făcut până acum a fost să-ți dai și tu seama de acest lucru.

Liniștea s-a lăsat în cameră preț de câteva minute, fiecare respectând momentul de pace al celuilalt.

- Hai, spune-mi ce îmi povestești azi, Iulian!

- Am descoperit semnul de punctuație două puncte.

- Și cum o să te ajute pe tine aceste două puncte atunci când o să-ți scrii cartea?

- Sunt mai multe feluri în care le poți folosi.

- De exemplu, atunci când ai o enumerație:

Să-ți spun ce mi-a adus tata: un coș cu fructe, o pălărie și o jucărie.

- Sau atunci când e vorbirea directă, adică scriu cuvintele altcuiva și fac o mică pauză în vorbire.

Aici apare ceva nou, și anume un alt semn de punctuație, ghilimelele, dar mâine îți spun despre ele:

> Mama mi-a zis: „Dă-mi și mie să citesc ce tot scrii tu acolo".

- Dacă vrei să subliniezi un cuvânt important:
- Am zis: rămân.
- Atunci când întâlnești un citat frumos:

> Gustave Flaubert a zis: „Arta scrisului înseamnă arta de a descoperi ceea ce crezi".

- Mai este ceva, dle M!

- Ce mai este, Iulian?

- Uite, atunci când scrii în interiorul unei propoziții două puncte, după aceea, ghici cu ce fel de literă scrii următorul cuvânt?

- Sunt curios să-mi spui, zice dl M zâmbind.

- Cu literă mică. Dacă nu este citat sau nu indică un nou alineat, se scrie cu literă mică.

> Pentru mâine: facem curățenie, mergem în parc, apoi învățăm.

- Te descurci minunat, Iulian!

- Mulțumesc!

Înainte să pleci, aminteşte-ți:

- ❖ Exprimarea prin artă este un mod de a te face conştient de tine şi de viață.

- ❖ Dacă nu este citat, nume de persoană sau după aceea nu scrii un alineat nou, cuvântul care urmează după două puncte începe cu literă mică.

Ziua a 49-a – Prinde cuvintele între ghilimele să nu scape

Ai avut curiozitatea vreodată să observi cum zboară fluturii? Din floare în floare, fără a se ataşa de una anume.

Dacă la început poate ți se pare natural să te ataşezi de obiecte, oameni, locuri, lucruri, simți, cu timpul, cum ceva anume se rupe în tine, iar durerea este uneori insuportabilă.

Aşa s-a întâmplat şi cu Iulian. În inima lui, dorința de a da viață unor personaje era foarte mare. Însă nu era nimeni care să-l îndrume și să creadă în el. S-a întâlnit cu dl M căruia i-a destăinuit secretul lui care, atunci când bătrânul i-a spus că îl poate ajuta, a prins și mai mult contur. Astfel, băiatul cel cu durere în inimă, furios, neîncrezător s-a împrietenit cu dl M, venind acasă la acesta, descoperind de fiecare dată ceva nou despre viață și despre lumea lingvistică. După o vreme, a început să se obișnuiască. Îi era bine. În paralel cu mediul în care a crescut, Iulian se simțea foarte bine în preajma bătrânului. Avea încredere în călătoria în care a pornit, ghidat fiind de dl M. Însă acesta își dorea altceva pentru băiat. Voia să fie el însuși, cu sau fără prezența unui profesor în preajmă. Voia să simtă plăcerea de a face lucrurile de dragul sentimentului de bucurie, împlinire, satisfacție, și nu pentru că trebuia să ajungă la un rezultat. În acest mod, fiind conștient de călătorie, transformând toate momentele în favoarea sa, ceea ce își dorea Iulian avea să se împlinească inevitabil, însă pe o cale mult mai ușoară, ca și cum, pe drum, ar găsi piesa potrivită din puzzle-ul care avea să fie complet la un moment dat.

Ca urmare a acestui gând, dl M îi spune lui Iulian că pregătirea cu el s-a terminat. Copilul are foarte multe momente când își simte puterea interioară. Sigur, acestea alternează cu clipe când se simte supărat, neputincios, dar datorită faptului că Iulian are multă ambiție, își revine repede.

Şi acum îi dă libertate copilului să descifreze ce se află dincolo de cuvintele limbii române.

Din fericire, băiatul şi-a însuşit atât de bine tot ce a învăţat înainte, încât îi face plăcere să descopere singur ce îi trebuie pentru a scrie.

Azi, Iulian, zâmbindu-i soarelui, vine cu paşi grăbiţi la dl M, căruia îi face o surpriză:

- Bună ziua, dle M!

- Bună ziua, Iulian! Cum te simţi azi?

Băiatul zâmbeşte larg, nu spune nimic şi-i dă bătrânului o foaie.

- Ieri, în timp ce făceam treaba, mi-a apărut în minte o imagine. Şi încă una. Şi încă una. Înaintea mea parcă era un tablou întreg descris, care mă aştepta pe mine să-l pictez.

- Şi pe foaie ce ai scris? întreabă dl M uimit.

- Am desenat nişte omuleţi. Vezi? Cei doi sunt răi, inamici, iar cei trei sunt buni. Culoarea roşie înseamnă puterea pentru care...

Şi uite-aşa, timp de trei ore, copilul a descris tabloul pe care şi l-a imaginat, cu oameni, copaci, castele, un pod, bărci şi nave...

- Și acum, zice Iulian, vreau să scriu ce am desenat. Dle M, mai am mult de învățat?

- Tu poți începe oricând vrei, copile drag, zice bătrânul zâmbind. Mereu vei da peste ceva care nu vei ști și atunci vei începe să cercetezi singur. Literele sunt ca viața. Există un infinit de posibilități și niciodată nu știi ce provocare va apărea la orizont.

Iulian cade puțin pe gânduri, dar își revine repede.

- Bine, bine. Până atunci, să-ți spun ce am citit: despre **ghilimele**. Nici nu știam că există așa ceva. Și sunt de mai multe feluri. Eu mi le imaginez ca niște cârlige care țin rufele la uscat. De data asta, însă, sunt cuvinte.

La auzul acestei comparații neobișnuite, amândoi s-au amuzat.

- Povestește-mi de ghilimele acum. Sunt foarte curios să aflu cum țin ele cuvintele la uscat, spune dl M râzând.

- Ele sunt de mai multe feluri.

Cele folosite de noi, românii, sunt așa: „..."

Mai sunt cele franțuzești: «... »

- Ghilimele franțuzești? întreabă dl M. Și le folosim atunci când scriem în franceză?

- Nu, nu, răspunde Iulian și începe să râdă. Îți spun acum.

De exemplu, vrei să scrii un **citat**, da? Dar ce faci dacă în acel citat mai ai un citat? Adică citat în citat.

Schema e așa:

„... «...»...''

„Când spunem despre cineva că este « un om autenic », îi facem, în mare, un compliment.'' (Andrei Pleșu, *Despre frumusețea uitată a vieții*)

- Și dacă vreau să scriu citat în citat în citat? râde bătrânul.

- Există o soluție și pentru asta: „...«...„...''...»...''

- În afară de citat, ce mai poți pune între ghilimele? întreabă bătrânul.

- **Nume de instituții, vapoare, titluri.**

- Se face acest lucru pentru a distinge anumite formulări de contextul în care sunt folosite. De exemplu: cinematograful „Central''. Dacă nu ar fi între ghilimele, ai crede că se află în centru, nu că așa se numește.

- Apoi, cuvinte care arată **înțelesul elementelor lexicale studiate** (în studiile de specialitate).

Latinescul „labor'' înseamnă, mai degrabă, „osteneală'' decât „muncă''.

- Atunci când vrei **să fii ironic**:

> Evenimentul a avut un „succes" atât de mare, încât după o oră au plecat aproape toți.

- Și acum, dle M, vine partea interesantă și provocatoare. Atunci când am citit prima dată, îmi imaginam că sunt un doctor de litere, cu bisturiul în mână, care trebuie să fie foarte atent.

Este vorba de un punct.

Bătrânul face ochii mari, curios să audă ce-i spune Iulian despre asta. Știa că e puțin mai complicat.

- Hai, spune, că vreau să aflu!

- Începem. Fii atent, urechile ciulite, dle M!

Amândoi au început să zâmbească și parcă totul devine din ce în ce mai ușor.

- Gata. Să-ți spun. În acest caz, atunci când ai ghilimele, **locul punctului este important. Iar pentru asta trebuie să știi unde începe și unde se termină fraza.**

> Și mi-a spus deodată: „Dacă mai vii în oraș, anunță-mă".

Aici, citatul începe la mijlocul frazei şi punctul se pune după ghilimelele de închidere. În mod normal, ar trebui să fie două puncte acolo. Unul la sfârşit propoziţiei şi unul la sfârşitul frazei. Însă preferatul este cel care închide fraza.

„Era ca o luptă cu limitele mele şi încă îmi plăcea să o duc, uimindu-mă de noile preferinţe."

(Vera Drăgoi, *Camino*)

După cum vezi, toată fraza de mai sus este un citat (ghilimele sunt la începutul frazei) şi nu mai este nicio întrebare capcană. Punctul se pune înainte de închiderea ghilimelelor.

Iulian devine din ce în ce mai amuzat de situaţie pentru că, la început, atunci când a citit prima dată despre subiectul ăsta, i-a părut foarte complicat. Însă şi-a spus în minte că se va distra aflând ce fac ghilimelele astea, îşi va imagina o prăjitură pe care o va împărţi cum vrea, cu punct, fără, cu citat întreg sau la mijloc. După aceea, a început să scrie singur exemple pentru fiecare situaţie până a înţeles. Iar acum este la dl M şi-i explică lui cum se pun literele la uscat între ghilimele.

- A fost o zi provocatoare pentru tine, Iulian! Hai să mergem la plimbare, să ne încărcăm bateriile.

Înainte să ieşim, vreau să-ţi spun ceva:

- ❖ Atunci când ceva pare mai mare decât tine, inspiră adânc, spune cu voce tare că ai încredere în tine şi că e uşor şi distractiv ceea ce urmează să faci. Şi vei reuşi magia, aşa cum s-a întâmplat cu ce mi-ai povestit azi. Ştiu, multă lume subestimează ghilimelele. Însă puţini ştiu, de fapt, despre ce este vorba cu adevărat.

- ❖ Să pui ghilimelele la locul potrivit e ca şi cum ai lua creionul şi ai împărţi o foaie de hârtie. Fii atent unde începe şi unde se termină totul.

Ziua a 50-a – Parantezele rotunde şi pătrate fac parte din viaţă

Imaginează-ţi un drum cu spini şi doar o cărare mică, pe care poţi călca, curăţată de tot ce te-ar putea deranja.

În orice moment poţi simţi o mică înţepătură dacă te abaţi de la drumul tău, iar pentru a fi în siguranţă, ai nevoie de puţină concentrare. Nu să nu calci pe spini, ignoră gândul ăsta. Ci să mergi pe drumul tău, bucurându-te de călătorie şi îndepărtând din cale spinii, lărgindu-ţi astfel cărarea, doar menținând o atitudine pozitivă și alegându-ți numai gânduri care te fac să te simți extraordinar.

Alături de tine, mereu vor fi oameni, vor apărea evenimente, momente de tot felul, emoții. Toate acestea te ajută să treci prin mai multe etape de evoluție. Cu cât spinii se dau singuri la o parte, eliberându-ți calea, cu atât vei ști că drumul pe care mergi este al tău, în concordanță cu ce simți, cu inima ta, ajungând ca la un moment dat, pe drum, să fii doar tu de mână cu sufletul tău. Tot ce este în drumul tău reprezintă o oglindă a ceea ce este în interiorul tău.

Te poți gândi la un moment ca la o paranteză în călătoria ta. Depinde de tine cum o tratezi, ce fel de paranteză va fi, ce gânduri pui acolo și cum o închizi. Deși aceste paranteze vor apărea inevitabil, important este ca tu să nu te abați de la drum. Zâmbești, te joci cu tot ce-ți iese în cale, însă rămâi în continuă conexiune cu sufletul tău.

După ce Iulian a întâmpinat un astfel de moment, atunci când dl M l-a anunțat că va învăța singur, a avut de ales ce emoții și ce gânduri pune în paranteza care tocmai s-a deschis. La început, l-a preferat pe vechiul Iulian care intră repede într-o stare care nu-i face bine. S-a ridicat însă repede, și-a luat inima de mână și s-a simțit în siguranță.

Băiatul are la îndemână o paletă de gânduri și emoții, fiind un pictor în fața unei pânze albe. El este creatorul, deși în jurul lui există distrageri. Însă concentrarea lui este orientată înăuntru și, înainte de a face orice mișcare, vorbește cu el, cu sufletul lui, ascultând ce-i spune și lăsând spinii pe drumul lor.

Cu aceste noi alegeri, Iulian este conștient de fiecare moment, în fiecare zi parcă născându-se din nou.

Azi s-a trezit cu o întrebare în minte: cât de frumoasă va fi ziua care se arată? Ce lucruri minunate se vor mai întâmpla?

Ținând acest gând în minte, pleacă la treaba pe care o face zilnic pe la casele vecinilor, vine acasă și deschide cartea la capitolul despre paranteze. Nu prea înțelege de ce dl M i-a dat să citească despre asta, însă este nerăbdător să afle.

- Sigur e ceva care îmi va folosi pentru cartea mea.

După o oră de concentrare asupra parantezelor, închide ochii, simte mulțumire și pleacă în pas vioi spre bătrân care-l așteaptă cu bucurie.

- Bună ziua, dle M!

- Bună ziua, dragule! După cum se vede, ai avut o zi foarte bună.

- Așa este. Și încă nu s-a terminat.

„Extraordinar cum s-a transformat băiatul acesta. Parcurge momentele unei zile cu mare ușurință, cu o stare de spirit foarte bună, însoțit fiind de gânduri frumoase care să-i dea energie să trăiască viața în mod conștient."

- Ce vești îmi aduci azi, Iulian? Ce comori ți-a mai dezvăluit limba română?

- M-am împrietenit cu parantezele. Am aflat că sunt de două feluri: rotunde și pătrate.

- Și ce rol au ele atunci când scrii ceva?

Parantezele rotunde te ajută în următoarele situații:

- dacă vrei să scrii ceva care poate lipsi, o explicație, de exemplu:

> Am vizitat Japonia (Țara Soarelui Răsare).

- dacă este ceva care deranjează mersul normal al unei fraze (indicații bibliografice, didascalii):

> „Cu lovituri de tunet și cu focuri de artificii trebuie să grăiești slabilor de înger și adormiților" (*Așa grăit-a Zarathustra),* spune Nietzche despre oamenii care încă nu știu cine sunt.

> Vom merge înainte, deși nimeni nu ne susține. (aplauze)

- dacă autorul are o părere pe care vrea să o exprime:

> Momentul (și ce moment!) în care a ajuns copilul a fost unul emoționant.

- dacă vrei să introduci un semn de întrebare sau un semn de exclamare:

> Se spune că ruinele cetății (?) există de peste două secole (!).

Și acum să-ți spun despre parantezele pătrate sau drepte (sau franceze) [...].

Așa cum era la ghilimele, citat în citat, așa e și acum: paranteză în paranteză, unde este scris ceva de alt autor:

> Schimbarea, deseori, îi face pe oameni să se întrebe ce-i în neregulă cu tine [„În clipa în care te comporți altfel, toată lumea devine bănuitoare, căci te cunoaște și vede schimbarea."] (Osho, *Curajul*)

Între parantezele pătrate mai sunt două paranteze, rotunde, care arată proveniența textului.

- atunci când un cuvânt/fragment lipsește, pui puncte de suspensie între paranteze drepte (pătrate):

> Așa cum am mai zis, ieri a avut loc un eveniment [...], dar nimeni nu a vorbit despre asta.

Paranteza și punctul

La fel ca în cazul ghilimelelor, punctul poate fi o provocare.

Uite:

Dacă ce este între paranteze face parte din frază, punctul se pune după paranteza de închidere:

> Tatăl meu a făcut cu plăcere mai multe sporturi (fotbal, volei, tenis).

În schimb, dacă între paranteze începe o frază nouă, completă, punctul se pune înainte:

> Am hotărât să mergem acasă după petrecere. (Chiar dacă era devreme.)

Paranteza și virgula

> Am venit cu Ion (fiul meu), dar nu am mai găsit pe nimeni cu care să vorbesc.

În acest caz, virgula se pune după paranteza de închidere, deoarece explicația dată, fiul meu, este legată de prima parte a frazei.

> Când mai este vreme bună de pescuit, (vecinul) să-mi spună din timp să mă pregătesc.

În acest caz, virgula se pune înainte de paranteză pentru că precizarea este legată de partea a doua a frazei, de persoana la care se face referire.

- Totul este cum nu se poate mai bine, Iulian! Te descurci foarte bine singur. Se pare că nu mai ai nevoie de mine.

Chipul băiatului se schimbă și inima i se strânge.

„Cum poți spune asta? Mereu voi avea nevoie de tine."

Iulian începe să se fâstâcească. Nu știe ce să spună.

- Știi că nu-i adevărat, dle M!
- Și tu știi că momentul se apropie, Iulian!

Liniștea se așterne, ca pe vremuri, atunci când Iulian era un copil speriat și neîncrezător în propriile puteri.

- Dar să nu ne întristăm, spune bătrânul. Știu că vrei să pleci, deja e târziu. Aminteşte-ți asta înainte să mergi acasă:

  ❖ Singura persoană din lumea asta de care ai nevoie ești tu. Rămâi mereu alături de inima ta.

Ziua a 51-a – Când ai prea mult de zis, scrii etc. și ș.a.m.d.

Soarele stă pitit după nori, așteptând momentul potrivit să apară. Atmosfera este sumbră, lumina aproape inexistentă, vântul îți intră în oase, în jur se aud sunete indescifrabile și tot ce vezi în fața ta este învăluit în ceață. Te uiți în stânga, în dreapta, dar nu vezi nimic din ce cauți tu: acel loc opus a ceea ce vezi cu ochii, și anume armonia în care să te simți în siguranță și iubit. Crezi că ești pierdut, bătăile inimii se intensifică și nu știi în ce direcție să mergi. Ești aproape singur și nu înțelegi ce se întâmplă, deși îți dorești cu disperare să ajungi în acel loc magic, minunat și luminos care știi, în adâncul sufletului, că există. Însă tot ce vezi este foarte neclar, o cărare care de-abia se zărește la orizont.

Din nou, ai de ales: fie stai pe loc, fie te întorci de unde ai plecat, fie, cu imaginea deja formată în minte și în inimă, te iei de mână și pleci la drum, având ca țel înfruntarea ceții. Ce se ascunde dincolo de ea? Cu cât înaintezi, cu atât știi sigur că dorința din interiorul tău este din ce în ce mai reală, mai tangibilă. Orice soluție vine, mai întâi, cu o stare tulburătoare care are menirea de a aduce claritate. Atunci când știi ce nu vrei, știi și ce vrei. Și devii tot mai conștient că tot ce-ți dorești este deja creat, în interiorul tău. Simți, vezi, mirosi, ești una cu dorința ta.

Deşi la început ţi-e frică, înaintezi în ceaţă, descoperind că ea poate fi prietena ta. Cu ajutorul ei, îţi ascuţi simţurile, iar imaginea din mintea ta îţi dă o putere fantastică.

Închide ochii şi priveşte. Eşti la poalele unui munte învăluit în ceaţă, iar locul căutat de tine este în vârf. Singura cale să ajungi acolo este să te ridici, să fii la acel nivel, înfruntând cu încredere şi curaj ce este jos. În acest moment, tu eşti cel mai bun prieten al tău.

Revenind la copilul din poveste, a fost nevoie ca Iulian să aibă această călătorie pentru a pune în cuvinte ceea ce gândul lui deja crease, cartea lui. Dar înainte de a scrie, a trebuit să fie într-un fel anume pentru a înţelege cu mintea şi a simţi cu inima ce avea să aştearnă pe hârtie.

Stâlpii de rezistenţă pe care băiatul s-a bazat sunt gândul, emoţia şi acţiunea inspirată. Creaţia se naşte înainte de a fi văzută cu ochii fizici. Mai întâi, a fost simţită de creator.

Ceea ce avea să experimenteze Iulian în perioada următoare va completa imaginea de ansamblu a lui.

Cu fiecare zi care trece, mai lasă în urmă un secret al limbii române, cea care îi va fi sprijin pentru a-şi îndeplini visul.

De data aceasta, dl M i-a dat să înveţe despre una dintre cele mai mari provocări, şi anume virgula.

- Bună ziua, dle M!

- Bună ziua, Iulian! Ai venit la fix. Tocmai mă gândeam la tine, cum te descurci cu virgulele.

- Nu prea îmi plac, dle M! Vreau totuși să descifrez misterul pentru care o virgulă e așa de importantă.

- Cu cât e mai complicat, cu atât ai mai mult timp la dispoziție să exersezi ce ai învățat până acum. Aceasta este o parte din călătoria ta care e mai frumoasă dacă te bucuri de toți pașii pe care-i faci, de fiecare cuvânt învățat, fără să te gândești: „Când se termină?"

Băiatul înghite în sec și își strânge pumnul cu o privire hotărâtă. Știe că mai are puțin până să gândească în acest fel.

- Și acum, spune-mi cum ai început să te împrietenești cu virgulele.

- Două lucruri am să-ți spun, dle M!

Am aflat despre prescurtarea etc. care înseamnă et caetera (din latină), adică și altele (în română).

Înainte de etc. <u>nu</u> se pune virgulă, deoarece există deja „și", fiind folosită atunci când ai o enumerare. În schimb, pentru că este o prescurtare, punctul este obligatoriu.

> Am vizitat Anglia, Olanda, Franța etc.

Atunci când vrei să scrii de mai multe ori etc., pui virgulă după etc.

> Şi i-am zis să mergem, să mâncăm, să vizităm muzeul etc., etc., etc.

De asemenea, dacă nu vrei să foloseşti etc., poţi scrie ş.a.m.d. (şi aşa mai departe).

Înainte de ş.a.m.d., la fel ca şi la etc., nu pui virgulă, însă se pune punct după fiecare literă.

> Vreau să mă dau cu paraşuta, să urc pe munte, să înot ş.a.m.d.

- Mă bucur că ai început cu lucrurile simple, Iulian!

Şi îţi mai spun ceva, dragul meu!

❖ Totul se creează în mintea ta, apoi simţi şi apoi vezi.

Ziua a 52-a – Când te adresezi cuiva, respectă acea persoană!

Deși uneori sunt subestimate, cuvintele au putere. Însă aceasta vine tot din noi fie că e constructiv, fie că e distructiv. Totul ține de interpretare. Așa cum ești tu, așa sunt și cuvintele rostite. Reacția la ce se întâmplă îți aparține, indiferent că cealaltă persoană are o atitudine care-ți place sau nu.

Imaginează-ți o întâlnire la care simți, puțin câte puțin, cum bătăile inimii se intensifică. Și nu de bucurie. În acel moment, ai două opțiuni: reacționezi la comportamentul celeilalte persoane sau reacționezi la felul cum te simți tu. Ce poți controla în această situație? Și ce poți face decât să conștientizezi starea în care ești? Știi, un gând e doar un gând. Iar acesta poate fi schimbat. Ești conștient de tine, ești conștient de celălalt și accepți sau nu starea.

Dacă îți pasă de felul în care te simți, respecți puterea interioară a celuilalt, decizia pe care a luat-o în acel moment, iar în privința ta, hotărăști ce simți pentru acel om, indiferent de comportamentul lui.

„Eu am decis că-mi ești drag și că te iubesc, deși tu acum te comporți în acest fel." Iubirea dizolvă zidul din jurul inimii și-l influențează, prin propriul exemplu, pe celălalt. Ceea ce câștigi este eliberarea de reacția lucrurilor pe care nu le poți controla.

Mai ții minte cum era înainte relația dintre Iulian și familia lui? Rece, pe muchie de prăpastie, cu neînțelegeri și fără empatie. În momentul în care băiatul a aflat că poate face ceva în această privință, fără să-i schimbe pe membrii familiei lui, ci doar să-i pese cum se simte el atunci când atmosfera devine tensionată, a înțeles, de fapt, că blândețea, iubirea și încrederea reprezintă cheia pentru o viață armonioasă.

Adresarea și tonul s-au transformat, apăsarea de pe suflet s-a evaporat, iar răspunsul din partea celorlalți s-a schimbat.

Acum, liniștit, Iulian își poate continua călătoria lingvistică, de data asta învățând și cum se scrie corect atunci când se adresează cuiva.

Păstrând cu încredere sentimentul de liniște, băiatul se îndreaptă cu veselie către casa dlui M.

- Bună ziua, virgulă, dle M!

Bătrânul începe să se amuze, ghicind ce îi va spune Iulian.

- Bună ziua, Iulian! Cum te simți azi?

- Minunat! Ca într-o zi cu soare. Ai văzut că azi te-am salutat altfel?

- Am observat, desigur! Și asta mă duce cu gândul la ce ai citit.

- Afli în curând ce am învăţat. Am o întrebare înainte: atunci când faci o aşa urare, spui virgulă sau nu?

- Nu, niciodată. Am mai vorbit despre asta la cacofonie.

- Şi acum... să-ţi spun cuvântul nou pe care l-am descoperit: **vocativ**.

- Excelent! Ce-i ăla un vocativ?

- Vocativul îl foloseşti atunci când te adresezi cuiva.

Atunci când ţi-am spus: „Bună ziua, dle M!", „dle M" este în cazul vocativ. Nu trebuie neapărat să fie un nume, poate fi şi un înlocuitor: „Băiete, pleacă trenul fără tine!" sau „Mama, te iubesc!"

La sfârşitul propoziţiei este semnul exclamării, deoarece şi tonul îl ridici puţin.

Şi ca să nu fie niciun dubiu, sunt trei situaţii:

1) Vocativul (numele persoanei) se află la începutul propoziţiei:

> Mihai, vino la mine!

- virgula se pune după adresare

2) Vocativul (numele persoanei) se află la mijlocul propoziției:

> Felicitări, copile, și succes la ultimul examen!

- adresarea este cuprinsă între virgule

3) Vocativul (numele persoanei) se află la sfârșitul propoziției:

> Vino la mine, Mihai!

- virgula se pune înainte de adresare

- Bravo! zice dl M.

- Mulțumesc. Mai greu a fost să-mi dau seama ce-a fost ăla vocativ. Apoi am scos pe foaie cele trei situații și am reținut că-l folosești atunci când te adresezi cuiva.

- Știu că te așteaptă mama ta, Iulian! Înainte să pleci, amintește-ți, te rog:

- ❖ Felul cum te simți atunci când cineva reacționează într-un fel depinde numai de tine. Decide dacă iubești acea persoană sau nu, deși are un comportament care nu-ți place.

- ❖ Atunci când te adresezi cuiva, mereu ai de-a face cu o virgulă (sau două).

Ziua a 53-a – „Și" își cere, uneori, dreptul la virgulă

Lupta cu tine este, de fapt, singura pe care o porți mereu oriunde te afli. Îți ia din energie și are un efect nociv, rupându-te în două.

Efortul pe care suntem tentați să-l facem, pentru că așa am auzit cândva (viața e o luptă, trebuie să faci mult efort ca să realizezi ceva), este ca picătura chinezească; în fiecare zi, roade din noi. Este acțiune împletită cu sentimentul că te lupți cu tine, în loc să-ți dai voie să fii tu, acea persoană iubitoare, blândă, încrezătoare.

Mai ții minte cât efort depunea Iulian la început atunci când i-a spus bătrânului că nimeni nu-l poate ajuta? El încerca cu disperare să se facă auzit, se ruga zilnic și nimic nu se întâmpla.

Totul era haotic în jurul lui, mai ales în suflet, unde dorința de a-și găsi calea era suprapusă peste neîncrederea în el și, implicit, în tot ce-l înconjura. Nimeni nu-l susținea, nici măcar el însuși pentru că încrederea i se schimba de la o clipă la alta: „pot", „nu pot", „vreau", „nimeni nu m-ajută", „mă rog și cineva trebuie să mă ajute".

Unde era Iulian în toată această poveste? Prins undeva la mijloc, între realitatea pe care o vedea și realitatea care lua ființă în sufletul lui, una imaginară, pentru moment.

La sfârşitul zilei, era epuizat. Toate aceste gânduri îl măcinau, îl bântuiau, îl chinuiau.

Între timp, apele s-au limpezit şi a ieşit la suprafaţă latura frumoasă din el.

Cu efort? Nu. Cu uşurinţă? Da.

Cum se face că băiatul învaţă, înţelege şi are schiţat pe foaie visul la care doar tânjea acum ceva timp?

Corpul, mintea şi sufletul s-au aliniat. A decis, în cele din urmă, cu cine să se alieze. Cu latura lui puternică, visătoare, încrezătoare, liniştită, iubitoare, plină de recunoştinţă şi apreciere pentru absolut tot. Acestea sunt hrană pentru el şi aceasta este pregătirea pentru ce urmează să facă. Nu se numeşte efort, ci acţiune inspirată.

Mai întâi, este gândul, apoi emoţia şi după aceea acţiunea pe care o faci natural, cu drag şi care-ţi aduce împlinire.

Iulian a trecut prin multe etape, unele destul de grele, însă dorinţa lui foarte mare a triumfat. Dorinţa pe care o are, cu care merge de mână în toată călătoria, bucurându-se şi fiind conştient de ea, este cea care l-a salvat.

Nu dl M l-a tras afară din vârtejul ameţitor în care băiatul era la început, ci Iulian l-a atras pe dl M prin ceea ce simţea.

Acum, oricât de dificile ar părea provocările care-i ies în cale, ştie ce are de făcut. Şi nu începe nimic până nu este în starea de a se bucura, de a fi recunoscător şi de a crea în interiorul lui un univers luminos, cald, frumos.

Înainte, voia să înveţe ca să simtă împlinire, bucurie.

Acum, mai întâi, simte împlinire (din lucrurile mici, pe care le observă şi pe lângă care trecea fără să-i pese), îşi încarcă bateriile şi apoi învaţă.

Este tocmai pe dos, iar minţii i-a luat ceva timp să se adapteze la această schimbare.

Unde mai este loc aici de efort, pe terenul pregătit, unde poţi învăţa orice?

Capitolul despre virgulă, pe care a început Iulian să-l descifreze, este destul de dificil. Mai ales că de multe ori autorul este cel care decide ce sens dă cuvintelor pe care le scrie, ce scoate în evidenţă.

Ţine minte aceste gânduri pentru că în curând Iulian va mai scoate din tolba lui cu poveşti lingvistice încă o istorioară.

Băiatul, cu un sentiment de satisfacţie, îşi închide caietul, în semn că a învăţat, a înţeles şi se îndreaptă spre casa bătrânului.

- Bună ziua, dle M!

- Bună ziua, Iulian! Cum te simți azi?

- Din ce în ce mai bine. Sunt bucuros că a fost o zi frumoasă, am făcut multă treabă azi și am și învățat. Familia mea se uită cam ciudat la mine și nu înțelege cum m-am schimbat. Parcă ar vrea să spună ceva, dar încă așteaptă un moment potrivit. Să-ți povestesc ce comoară am descoperit azi. Am citit despre când se pune virgulă înainte de „și". Recunosc faptul că mi-a luat puțin timp să înțeleg, dar i-am dat de capăt până la urmă.

Și Iulian își pregătește foile pe care și-a scris ideile, colorate, cu multe scheme, cerculețe, pătrățele și tot ce i-a trecut prin minte ca să înțeleagă.

- Mai întâi, vreau să spun ceva, intervine bătrânul. În legătură cu virgula înainte de *și*, circulă o vorbă conform căreia *și* înlocuiește întotdeauna virgula. Însă nu-i adevărat. Sunt câteva situații în care aceasta este necesară. Iar *și* poate avea și alte valori, nu doar cea de conjuncție. De-abia aștept să aud ce ai descoperit tu.

- Eu vreau să încep cu ceva foarte simplu, spune Iulian sigur pe el.

- În cazul în care avem o **enumerare**, **nu** se pune virgulă.

I-am chemat pe Victor, pe Alina **și** pe Ioana la mine.

- În cazul în care avem perechea de cuvinte *și... nici,* **nu** se pune virgulă.

> Nici eu **și** nici tu nu mai vrem să vedem acest film.

- În cazul în care *și* poate fi **conjuncție adversativă** (despre asta îți spun mai multe mai târziu, dle M!), alături de *dar, iar, ci, însă,* **se pune virgulă.**

> Am venit la tine, **și** tu nu mi-ai răspuns.

- În cazul în care **după *și* urmează *nu*, se pune virgulă.**

> O să fac lucrurile în felul meu, **și nu** cum ai zis tu.

- În cazul în care *și* are **valoarea de adverb de întărire**, adică atunci când scoți în relief o idee, **se pune virgulă.**

> Maria, **și** tu participi la concurs?

(Aici, virgula este inevitabilă. „Maria" este în vocativ, te adresezi ei, iar prezenţa lui *şi* întăreşte ideea că şi ea participă la concurs.)

- **În cazul în care după *şi* urmează *anume*, se pune virgulă.**

> Am ascultat ce mi-ai spus, **şi anume** să mai aştept.

Am întâlnit un cuvânt nou despre care îţi spun mai încolo, şi anume **apoziţia** (care este cuvânt intercalat între părţile unei propoziţii sau fraze, fără de care fraza are sens).

> L-am chemat pe Ioan, fratele meu, **şi** l-am întrebat unde este mama.

(aici se explică cine este Ioan, aduce mai multă claritate şi, fiind în interiorul frazei, trebuie ca apoziţia să fie cuprinsă între virgule – ca la vocativ; imaginează-ţi că îmbrăţişezi pe cineva din toată inima – o faci cu o mână sau cu ambele, astfel încât conectarea să fie deplină?)

- **În cazul în care cineva povesteşte ceva, *şi are valoare narativă şi se pune virgulă.***

> Şi-am stat, şi-am stat până a răsărit soarele.

- În cazul în care *și* are **valoare conclusivă** (gândește-te la deci), **se pune virgulă**.

> Am terminat de lucru, deci sunt gata de plecare.
>
> Am terminat de lucru, **și** sunt gata de plecare.

- Ești minunat, Iulian, pentru că ai reușit să înțelegi și să descifrezi totul așa de clar! Scrii, te rog, pe foaie, pe scurt, ce ai zis mai înainte?

- Sigur, și Iulian începe să scrie pasionat de ce a descoperit.

NU se pune virgulă înainte de „și" atunci când:

- este o enumerare: Vreau să învăț, să scriu **și** să mă joc.

- este perechea de cuvinte *nici... și nici*: Nici aici **și nici** acolo nu-mi place.

Se pune virgulă înainte de „și" atunci când:

- are valoare adversativă și îl pui pe aceeași listă cu *dar, iar, ci, însă*: Am fost acasă la Mircea, **și** nu vreau să știe tata.

- după „și" urmează *nu* sau *anume*:

Fă ce vrei tu, **și nu** ce zic alții.

Și-a zis părerea, **și anume** că nu vrea să se implice.

- are valoare de adverb de întărire, accentuează o idee: Mama, și tu pleci?

- atunci când înaintea lui se află o apoziție: Am strigat-o pe Ileana, sora mea, și nu mi-a răspuns.

- atunci când povestești ceva: Și vorbește, și vorbește până pleacă toți.

- atunci când are valoare conclusivă, fiind sinonim cu *deci*: Am terminat treaba, și pot pleca acasă.

- Excelent te-ai descurcat, Iulian! Ca un maestru.

- Mulțumesc! zice băiatul cu un zâmbet larg.

- Și acum să mergem în natură să ne încărcăm bateriile.

Înainte de asta, să-ți amintești că:

❖ Dacă simți că depui mult efort, în mod forțat, dă-te un pas în spate și pregătește-ți o acțiune inspirată. Fără acest mic pas, e ca și cum ai planta ceva în deșert.

Ziua a 54-a – Apoziţiile şi cuvintele incidente sunt sprijinite de virgulă

Dincolo de orice greşeală se află o emoţie, o stare interioară pe care numai tu o poţi controla.

Cheia se află în momentul prezent, acesta influenţându-ţi acţiunile. Iulian, atunci când exersează acasă ce învaţă de la dl M, deseori se supără pe el pentru că nu pricepe de prima dată. Are mustrări de conştiinţă şi, prin aceste gânduri, se pedepseşte singur.

Aşa a făcut o bucată de timp până când sentimentul de neputinţă l-a copleşit, vrând la un moment dat să renunţe.

Iarăşi inima îi era împărţită în două: pe de o parte, ştia cât îşi dorea să înveţe, cât muncise să ajungă în acel punct, iar, pe de altă parte, se simţea vinovat că nu ştie totul peste noapte. Însă învăţarea e un proces continuu. Mereu o să dai peste un cuvânt, o propoziţie care să te pună în încurcătură. Asta înseamnă că întotdeauna o să cari cu tine povara sentimentului de vină?

Discutând cu el însuşi, Iulian a făcut pace cu el, cu ce se întâmplă în prezent, fiind încrezător că totul este bine. Secretul este să-şi menţină starea aceasta de speranţă cât mai mult timp posibil, indiferent de ce se întâmplă în exterior. Pacea din suflet este cu tine mereu, numai să-i dai voie să iasă la iveală. Aşa că a eliberat lupta pe care o ducea cu el, transformând un drum cu spini într-o cale de mătase. Acesta este interiorul tău și de el trebuie să ai grijă. Apoi, plecând cu acest sentiment de liniște, totul se așază și în exterior, el fiind doar o oglindă a ceea ce simți.

Decide de partea cui vrei să fii. Cu toții suntem duali și avem o parte întunecată și una luminoasă. Alege-o pe cea care te bucură, îmbrățișeaz-o pe cea care te supără și astfel îți păstrezi promisiunea față de tine, fiind conștient de măreția care de-abia așteaptă să iasă la lumină.

Împăcarea cu tine este cel mai frumos cadou pe care ți-l poți face.

Iulian, după ce a trecut prin mai multe etape în care a experimentat mai multe stări, alegând-o pe cea care-l face să se simtă foarte bine, a înțeles ce înseamnă să fii puternic. Iar puterea interioară este cea care îți dă puteri de neînchipuit. Chiar și atunci când se joacă face treabă, învață.

Azi își extinde teritoriul și citește despre ceva care i-a captat atenția. Se îndreaptă entuziasmat către casa bătrânului care-l întâmpină cu brațele deschise.

- Bună ziua, Iulian!

- Bună ziua, dle M! Am venit cu noutăți.

- Sunt nerăbdător să le aud.

- Noutățile acestea sunt niște virgule. Dar să intrăm în casă și-ți povestesc.

Am mai adăugat o comoară, și anume cuvintele incidente, care sunt intercalate între părțile unei propoziții sau ale unei fraze.

M-a ajutat mult lecția despre vocativ pentru că acum îmi este ușor să știu unde să pun virgulă.

Să-ți dau un exemplu. Mă gândesc la „așadar".

a) Așadar, tot ai făcut ce ai vrut.

b) Pot să spun, așadar, că începe să-mi placă să învăț.

c) S-a terminat cu bine, așadar.

a) *așadar* este la începutul frazei și se separă de aceasta prin virgulă

b) *așadar* este la mijlocul frazei și este cuprins între virgule

c) *așadar* este la sfârșit și înaintea lui se pune virgulă

- Cum arată aceste cuvinte incidente? întreabă bătrânul.

- Îți spun acum. Ai puțină răbdare, și băiatul zâmbește. Am adus cu mine o foaie pe care le-am scris să-ți arăt și ție.

din păcate	după mine	prin urmare	dimpotrivă	cu siguranță
cu părere de rau	firește	în sfârșit	în schimb	din greșeală
din (ne)fericire	cu adevărat	în general	cel puțin	de fapt
bineînțeles	de exemplu	așadar	cel mult	pe de o parte
fără îndoială	de regulă	în concluzie	mai ales	pe de altă parte
într-adevăr	de altfel	în consecință	desigur	de asemenea
fără doar și poate	totodată			

Aceste cuvinte aduc o lămurire în privința a ceea ce s-a scris înainte, fără a avea o semnificație în sine, propoziția sau fraza existând și fără ele.

Virgula este prezentă mai ales atunci când se subliniază o idee, astfel că cel care scrie are libertatea de a alege dacă pune sau nu virgulă.

Exemplu:

> Te sun cu siguranță când ajung acasă. (idee pe care autorul nu vrea să o accentueze)
>
> Cu siguranță, este mai mult decât atât, însă nu se știe. (idee accentuată)

Pe lângă astea, mai sunt și anumite cuvinte de umplutură, fără niciun rol, însă cel care le scrie sau le spune le folosește din obișnuință, ca un tic:

- mă rog
- nu-i așa?
- se pare
- mă-nțelegi
- să spun drept
- sincer
- la drept vorbind
- zău
- uite
- auzi

Acum urmează să-ți spun despre apoziții, care reiau și explică un cuvânt.

Apoziția poate fi simplă (exprimată doar printr-un cuvânt) sau dezvoltată și mereu este însoțită de virgule. Totodată, stă întotdeauna după cuvântul explicat.

> Ștefan, fiul, a venit și el acasă.
>
> M-am întâlnit cu Marius, colegul meu de bancă.
>
> Tata, dragul de el, mi-a dat numai sfaturi bune.
>
> Bărbatul îmbrăcat în costum, dl Manole, este soțul vecinei mele.

- Tu, dragul meu, zice bătrânul, ești o persoană minunată, cu o tărie de caracter extraordinară! Sunt foarte fericit că am putut da mai departe din cunoștințele mele și, mai ales, că ți-ai găsit propriul drum pe care, de-acum înainte, poți construi orice vrei tu. Baza se află în tine și tot ce faci este doar un instrument pentru a te descoperi.

Iar acum, înainte să pleci, amintește-ți, te rog:

- ❖ Oriunde ai fi și orice ai face, adu-ți aminte de liniștea din inima ta. Mai întâi, dă praful la o parte ca s-o ajuți să iasă la suprafață, apoi acționează într-un mod inspirat.

❖ Atât apoziţiile, cât şi cuvintele incidente tânjesc după virgule, indiferent de locul lor în propoziţie sau în frază.

Ziua a 55-a - Scrie <u>da</u> şi <u>nu</u> cu încredere

Închide ochii şi închipuie-ţi o inimă bătând. Ascult-o cu atenţie şi întinde mâna să simţi cum viaţa are puls. Acea inimă eşti tu. Drumul de la minte la inimă, deşi, fizic, are câţiva centimetri, este cel mai anevoios, din cauză că mintea este antrenată să conducă şi să ne bage într-un labirint. Deseori, ea ne şopteşte ce să facem, ce să simţim, ce să gândim.

În toată această gălăgie, numai tu lipseşti, tocmai pentru că te îndepărtezi din ce în ce mai mult de inima aceea.

Calea fiecăruia înseamnă armonia doar în concordanţă cu sufletul tău. Atunci când vrei să fii pe aceeaşi lungime de undă cu ceilalţi, uiţi cine eşti, acea fiinţă iubitoare, curioasă, frumoasă, capabilă să cucerească lumea.

Mintea, acest instrument minunat pe care-l folosim pentru a ne descurca în lume, se contopeşte cu inima pentru a deveni un tot. Însă pentru a ajunge la acest lucru, şi toţi oamenii o pot face, trebuie să găsim acea cale de mătase de care vorbeam mai înainte, pavată cu puterea interioară luată înapoi de la alții.

Cu inima, ajutat de minte, rostește-ți adevărul spunând da sau nu cu încredere în tine, fiind sigur că ceea ce spui este în deplină armonie cu sufletul tău care nu cunoaște suferința sau frica.

Cu astfel de afirmații te va încânta și azi Iulian care, înfruntând vremea urâtă, ploaia măruntă, ajunge la dl M, cu caietul sub haină să nu se ude.

- Bună ziua, dle M!

- Bună ziua, Iulian! Bine ai venit!

- Sunt foarte încântat azi. Am reușit să scriu o pagină pentru cartea mea, iar ce mi-ai zis tu până acum și ce am mai citit și eu mi-a fost de folos. Mulțumesc!

Bătrânul îl îmbrățișează și parcă nu-i mai vine să-i dea drumul. „Totul va fi bine. Deja este bine. Iulian se descurcă perfect și și-a redescoperit vocea inimii", își spune dl M în gând.

- Ce îmi spui azi despre limba română, Iulian?

- Am descoperit câteva adverbe după care se pune virgulă.

- Despre ce este vorba?

- Aşa. Să-ţi zic. În limba română sunt:

- **Adverbe şi locuţiuni adverbiale de afirmaţie**: da, ba da, desigur, fireşte, cu siguranţă, sigur, adevărat, bineînţeles, negreşit, fără îndoială, de bună seamă, fără doar şi poate.

- **Adverbe de negaţie**: nu, ba nu.

Acestea se despart mereu prin virgulă de restul propoziţiei.

Ca de exemplu:

> Da, ştiu despre ce este vorba.
>
> Mă ajuţi, nu?
>
> Fireşte, hai la mine.

Atunci când după aceste adverbe urmează conjuncţia *că* ori *să* (unde este cazul), nu se mai pune virgulă.

> Sigur că vin.
>
> Fireşte că te ajut.
>
> Bineînţeles că am învăţat.

Spre final, bătrânul vorbeşte din ce în ce mai puţin. De fapt, el vorbeşte cu inima şi prin strălucirea ochilor. Este încântat de evoluţia copilului, iar acum doar îl priveşte şi-i dă libertate de exprimare, în felul său, vesel, alergând, râzând, bucurându-se.

- Am terminat pe azi, dle M!

- Aşa e, am terminat. Du-te acum la joacă, însă adu-ţi aminte:

- ❖ Ştii mereu că eşti pe calea ta atunci când te simţi bine şi eşti fericit. Emoţiile sunt ghidul tău de-a lungul întregii vieţi.

Ziua a 56-a – Joacă-te și tu cu literele: conjuncții adversative

Așa cum fiecare este un geniu, numai să-și dea voie să fie, și abilitatea de a fi profesor este profund înrădăcinată în ființa noastră.

Suntem profesori și, în același timp, învățăm unii de la ceilalți. Din nou, partea emoțională este esențială, precum și decizia de a vedea partea întunecată ori pe cea luminoasă a celuilalt.

Iulian, atunci când a venit la dl M, era foarte neîncrezător, fricos, simțea că nu merită, vocea părinților era foarte vie în mintea lui.

La polul opus, bătrânul a crezut în Iulian, acesta fiind inspirație pentru dl M să-și imagineze ceea ce este dincolo de aparențe, astfel evoluând și el.

Așadar, ambii au de câștigat: Iulian își descoperă puterea interioară, iar dl M își exersează abilitatea de a vedea partea pozitivă și a rămâne fidel acestei decizii până la capăt. Totodată, bătrânul știe că nu cuvintele învață, ci experimentarea, astfel încât l-a lăsat pe băiat să-și redescopere puterea, retrăgându-se, încetul cu încetul, din peisaj.

Are încredere în Iulian că se descurcă, știind deja ce are de făcut atunci când nu este în regulă. Are un ghid interior emoțional, al lui și doar al lui, care îl ajută mai bine decât orice profesor și care rămâne alături de el mereu.

Chiar și atunci când învață. Simte dacă ceva i se pare prea greu, face o pauză și reia atunci când are o stare bună, jucăușă, încrezătoare.

Capitolul despre virgule încă nu s-a terminat.

Iulian vine în continuare la dl M, deși acum este capabil și singur să se descurce, dar pentru el bătrânul este ca o plasă de siguranță emoțională.

- Bună ziua, dle M!

- Bună ziua, Iulian!

- Azi am venit cu gânduri bune și cu o poveste în traistă. Știi, până la urmă, nu-s chiar așa de grele virgulele.

Bătrânul începe să zâmbească și spune:

- Da, da, cred că au câteva grame.

Și veselia umple toată casa, deoarece încep amândoi să râdă cu poftă.

- Am învățat despre conjuncțiile adversative.

- Nu de virgule trebuia să citeşti, Iulian? îl întreabă bătrânul aşteptând cu nerăbdare răspunsul băiatului, ştiind că l-a pus în încurcătură.

Iulian nu s-a pierdut cu firea şi a răspuns calm:

- Ba da, este vorba despre virgule însă acestea sunt puse pe lângă aceste conjuncţii.

- Am înţeles acum.

Iar Iulian se aşază la aceeaşi masă cu dl M, îl priveşte în ochi, vorbindu-i ca unui prieten:

- Am descoperit că sunt patru conjuncţii adversative: dar, iar, ci, însă şi înaintea lor mereu se pune virgulă.

O conjuncţie adversativă introduce o propoziţie adversativă, adică este în opoziţie cu altă propozitie, coordonata ei.

- Şi acum, dle M, fii atent!

Scriu patru fraze şi le împărţim, bine?

Bătrânul aprobă, fiind curios de ce se întâmplă. Iulian pare mai hotărât decât niciodată:

> 1. Am vrut să mănânc, dar a sunat telefonul şi am răspuns.
> 2. Eu vreau să mă plimb, iar tu vrei să stai în casă.
> 3. Nu pe tine te-am strigat, ci pe Ioana.
> 4. Ţi-am dat două exerciţii de făcut, însă tu ai uitat.

1. Am vrut să mănânc,

   dar a sunat telefonul şi am răspuns.

(mi-era foame, dar nu am mai mâncat pentru că a sunat telefonul)

2. Eu vreau să mă plimb,

iar tu vrei să stai în casă.

(dorinţa mea de a ieşi este în opoziţie cu dorinţa ta de a sta în casă)

3. Nu pe tine te-am strigat,

ci pe Ioana.

(ai răspuns tu, dar eu cu Ioana vreau să vorbesc)

4. Ţi-am dat două exerciţii de făcut, însă tu ai uitat.

(opoziţie între „două exerciţii de făcut" şi „ai uitat")

- A fost destul de simplu, dle M! E uşor atunci când împart aşa frazele şi mă gândesc ce înţeles are fiecare propoziţie.

Şi mai este ceva. Acum mi-am adus aminte:

Iar poate însemna şi *din nou*. În acest caz, nu se pune virgulă.

> Ai mers iar să înoţi?

Dar poate însemna şi cadou şi nu se pune virgulă.

> Cel mai mare dar în viaţă este să ai încredere în tine.

De fiecare dată, dl M rămâne impresionat de puterea de transformare a copilului. Acum nu vrea să-l mai laude, ci îl lasă să fie el, să-şi ia motivaţia din interior, nu din laude exterioare; în acest moment, motivaţia lui constă într-un sentiment de satisfacţie imensă pentru că s-a desprins de un stil vechi de viaţă, pentru că simte că trăieşte cu adevărat, îşi simte puterea cu fiecare gând, cuvânt, acţiune.

- Dragul meu Iulian, înainte să pleci, vreau să-ţi mai spun atât:

❖ Mulţumesc pentru tot ce am învăţat cu ajutorul tău. Eşti un profesor minunat.

❖ Atunci când ai conjuncții adversative (dar, iar, ci, însă) care unesc două propoziții opuse, înainte de ele se pune virgulă.

Ziua a 57-a - Unele cuvinte se iubesc în perechi

Succesul lui Iulian (și al tuturor, de fapt) constă, în primul rând, că s-a născut. Apoi iese în evidență bunătatea din inima lui. Cele mai mici gesturi contribuie la ceea ce se numește succes.

Înainte, cu ochii plini de lacrimi, supărat și aproape fără speranță, copilul credea că este vorba de lucruri. Bani. Bogăție.

Acum, trecând printr-o transformare profundă, are credința că totul este pe dos. Succesul vine din interior, din sentimentul de a te simți bine, împăcat, cu inima ușoară, în siguranță, calm, încrezător, prietenos, blând etc.

Având baza formată din aceste trăiri, poți construi orice, de la a învăța gramatică până la a avea propriul tău vapor.

Așadar, nu este vorba de a avea și nici de a încerca. Este vorba de a fi într-un anume fel, de a te redescoperi așa cum ești tu cu adevărat.

În această situație, literele i-au fost de mare ajutor lui Iulian pentru că, prin studierea gramaticii limbii române, băiatul și-a depășit câteva bariere ale minții.

Știi, a învăța despre litere te pune în situația de a te conecta cu inima ta, de a vedea dincolo de literele așternute pe foaie, simțind, mai degrabă, ce scrii. Conexiunea este foarte puternică și poți ajunge chiar la o aliniere corp - minte - suflet, trăind cu adevărat senzațiile pe care cuvintele scrise de tine le produc în corp.

Acum copilul se amuză pentru că a învățat despre cum să pună virgulă într-un text și deseori aceasta îi alunecă printre degete, iar conexiunea se pierde. Însă așa cum a reușit până acum, așa va trata în continuare, cu blândețe, virgula.

Cu caietul sub braț, în timp ce își menține în minte gândul că este ușor să învețe, ajunge la dl M. Ca de obicei, bate la ușă și vrea s-o deschidă. Pentru prima dată, are o surpriză: este încuiată.

Inima începe să bată cu putere, mâinile îi tremură, chipul i se schimbă și-i vine să stea la ușă până se deschide.

Pentru câteva minute, în interiorul lui, s-au strâns nori negri, nervi, frică, uitând parcă tot ce învățase până atunci. Salvarea a venit de la un gând spus de bătrân: „Păstrează-ți mereu calmul și încrederea, indiferent de ce se întâmplă în jur. Schimbă gândul".

Iulian începe să respire conștient, să numere de câte ori face asta, închide ochii și nu mai face nimic. Pur și simplu stă. Toată natura se oprește, liniștea din inimă se aliniază cu liniștea din exterior, tot ce se poate auzi fiind număratul băiatului. „Fă tot ce e nevoie să te liniștești, parcă îi șoptea dl M, asta e cheia fericirii."

La scurt timp, se aude ușa cum se deschide și bătrânul iese în prag, somnoros. Ațipise așteptându-l pe Iulian.

Copilul, văzându-l, îi sare în brațe, începe să râdă cu lacrimi și-i vine să nu-i mai dea drumul.

- Dle M! Am crezut, spune copilul suspinând, am crezut că...

- Hai să intrăm în casă, Iulian, să-mi povestești dacă te-ai împrietenit cu virgula sau ba!

- Am învățat despre câteva perechi de cuvinte care cer virgulă.

Uite:

- **atât... cât și**

Atât eu**, cât** și tu mergem la concert.

În acest caz, virgula este pusă în fața lui „cât".

Însă nu în toate situațiile se pot folosi cele două cuvinte:

> S-a vorbit despre învățarea atât a ultimelor capitole, cât și din primul semestru.

În acest caz, cea de-a doua parte a frazei nu are aceeași structură ca și prima:

...atât <u>a ultimelor</u> capitole, cât și <u>din primul semestru</u>

Varianta potrivită fiind:

S-a vorbit despre învățarea atât a ultimelor capitole, cât și a celor din primul semestru.

- și... și

> Am fost **și** la mare, **și** la munte.

Atunci când ai o exprimare de felul: și... și... și... se consideră că aceste elemente nu mai sunt perechi, așadar, nu se mai pune virgulă atunci când este o enumerare.

> Vreau și mere și pere și gutui.

- **sau... sau**

> **Sau** rămâi aici, **sau** vii cu mine.

Atunci când ai o exprimare de felul: sau... sau... sau... se consideră că aceste elemente nu mai sunt perechi, aşadar, nu se mai pune virgulă atunci când este o enumerare.

Îmi doresc să scriu sau să colorez sau să pictez sau să cânt.

- **fie... fie**

> **Fie** găteşti, **fie** faci focul.

Perechea aceasta se construieşte doar în această formaţie: fie... fie.

Deseori se foloseşte şi un amestec de cuvinte ca, de exemplu: fie... sau; fie... ori. Te rog, evită-l!

> **Fie** îţi place, **fie** nu. (corect)
>
> **Fie** îţi place, sau nu. (greşit)
>
> **Fie** vii, **fie** pleci. (corect)
>
> **Fie** vii, ori pleci. (greşit)

- **nici... nici**

> Nu-i bun **nici** aşa, **nici** altfel.

- **când... când**

> **Când** spui că stai în casă, **când** te pregăteşti să ieşi.

În privinţa acestor perechi de cuvinte, este obligatorie virgula între termenii coordonaţi.

Atenţie la enumerare, atunci când nu se pune virgulă.

Surprinzător, dl M nu zice nimic, doar zâmbeşte.

Iulian se uită la el curios, aşteptând cele două vorbe înainte să plece:

- Dle M, nu spui nimic?

- Nu. De-acum te las doar pe tine să spui.

Copilul face un pas înapoi, neştiind ce să zică.

- Hai, zi ceva, orice îţi trece prin minte.

- Bine, stai puţin, spune Iulian.

Şi închide ochii, îşi linişteşte mintea, numără de câte ori respiră şi, sigur pe el, zice:

- Atunci când am văzut că nu-mi răspunzi, m-am panicat şi nu ştiam ce să fac. Atunci mintea mea conducea corabia. După aceea, mi-am amintit ce mi-ai zis, să nu las nimic exterior să-mi tulbure liniştea. Aceea este puterea mea interioară. Aşa că inima a preluat controlul şi m-am simţit mai bine, în siguranţă.

Ziua a 58-a – Cum se comportă virgula într-o propoziţie?

Uită-te la o frunză şi întreab-o: cine eşti tu? „Sunt o frunză", îţi va răspunde. (Simplitatea înseamnă complexitate.)

Uită-te la un copac şi întreabă-l: cine eşti tu şi care-i sensul tău pe pământ? Iar el îţi va răspunde: „Sunt un copac şi sensul meu e să fiu un copac, să mă bucur de tot ce-mi oferă această planetă".

Uită-te la un om şi întreabă-l: cine eşti tu şi care-i sensul tău pe pământ? Începând cu răspunsul „nu ştiu" şi până la „să mă bucur de viață, să fiu fericit" poate curge foarte multă cerneală.

Eu zic așa: sensul meu este să fiu eu, să mă bucur, este cel pe care-l creez. Nimeni nu poate decide ce vreau eu să fac și ce știu despre mine. Nu e despre a face, ci despre a fi, a gândi într-un anume fel.

După luni întregi de muncă interioară, copilul din poveste ajunge la concluzia că cel mai important și mai important lucru din lumea asta este felul cum se simte. Și aici se poate juca, adăuga, scoate până ajunge la starea potrivită. Abia apoi începe să construiască la visul lui, acela de a scrie, cu bateriile încărcate cu iubire.

Cum altfel crezi că ar fi rezistat până acum? Puterea interioară, atunci când o descoperi, ne face supereroi și ce pare imposibil, greu devine ușor, se întâmplă cu ușurință.

Iulian, atunci când l-a întâlnit pe dl M, avea în fața lui un munte peste care nu putea trece. Voia să scrie, nu știa să se exprime corect, gramatica era un lucru neînțeles și nimeni nu-l sprijinea.

Acum conduce el singur corabia vieții lui, cu încredere și curaj.

Pentru moment, mai poposește puțin pe tăramul virgulelor.

- Bună ziua, dle M!

- Bună ziua, Iulian! Cum te simți azi?

- Ca peștele în apă, spune băiatul vesel.

- Excelent! Spune-mi, azi cum te-a mai provocat limba română?

- Continuăm cu virgula și cum se pune într-o propoziție.

- Ce exercițiu frumos! Îmi place capitolul ăsta și cum îl prezinți tu.

- Atunci să-ți spun mai multe. Și începem.

Vreau să ții minte două lucruri mai întâi:

- **Virgula desparte părțile de propoziție de același fel** (subiect, atribut multiplu etc.)

Maria, Ion, Cristi și Vasile merg la teatru.

- **Virgula nu desparte părțile de propoziție diferite.**

Și aici îți spun despre subiect și predicat.

Nu se pune virgulă între subiect și predicat.

(nu contează dacă e propoziție simplă sau câte cuvinte sunt intercalate între subiect și predicat)

Ion citește. (corect) (cine face acțiunea? Ion (subiect). Ce face Ion? Citește (predicat).

Ion, citește. (greșit)

Colegul meu de bancă îmi explică ceva la franceză. (corect)

Colegul meu de bancă, îmi explică ceva la franceză. (greșit)

- **Și acum gândește-te la două propoziții independente, numite coordonate juxtapuse** (fără elemente de legătură între ele).

Am plecat la bunici, am mers la piață, am spălat câinele.

- **Atunci când ai un adverb intercalat între subiect și predicat, acesta se pune între virgule.**

El, firește, a vrut să-și vadă familia.

- **Atunci când sunt complemente circumstanțiale între subiect și predicat, se despart prin virgulă.**

Atunci când se află după predicat, nu se pune virgulă.

> Câştigătorul, de bucurie, şi-a împărţit premiul cu prietenii lui.
> Câştigătorul şi-a împărţit premiul cu prietenii lui de bucurie.
> Prietenul meu, când m-a văzut, m-a luat în braţe.
> Prietenul meu m-a luat în braţe când m-a văzut.

- **Atunci când sunt mai multe părţi de propoziţie coordonate, când nu sunt legate prin *şi* ori prin *sau* (enumerare), se pune virgulă:**

> Am mers acasă, am mâncat şi acum mă întorc afară.

- **Atunci când ai, din nou, o enumerare de tipul X şi Y şi Z ori X sau Y sau Z nu se pune virgulă, deoarece nu sunt considerate perechi.**

> Am fost la teatru **şi** cu tine **şi** cu Ioana **şi** cu Veronica.
>
> Te-am întrebat dacă vrei dulceaţă **sau** clătite **sau** ciocolată.

Însă:

> M-am gândit **și** la tine, **și** la bunici.
>
> **Sau** pleci, **sau** rămâi.

- **Atunci când, la începutul frazei, este un gerunziu sau un participiu, se pune virgulă.**

> Mergând agale, copilul se gândea la meciul de fotbal.
>
> Fericit, a venit repede la mine și mi-a spus vestea.

- **În propoziție, atunci când ai *precum și, ca și*, se pune virgulă.**

> Foile tale, precum și ale mele au aceeași culoare.
>
> Azi, ca și ieri am înotat.

- **În cazul în care este o interjecție, se pune virgulă.**

> Hei, ce faci?
>
> Te-am prins, ha!

- Felicitări, Iulian! Acum şi tu eşti profesor.

Băiatul roşeşte şi lasă privirea în jos.

- Vreau să plec. Se face târziu. Mulţumesc, dle M, pentru tot! Şi nu uita:

- ❖ Încep să-mi dau seama că nu e aşa greu cum credeam la început. Însă sunt câteva elemente esenţiale, extraordinare care mă ajută să mă conectez cu literele şi cu regulile limbii române.

Ziua a 59-a – Cum se comportă virgula în frază?

Atunci când simţi că ai control, simţi putere, iar acest lucru determină un anume fel de comportament.

Însă control asupra cui sau a ce? Asupra oamenilor? Este o iluzie. Asupra propriei persoane? Ar fi ideal.

Ce fel de putere? Interioară, venită din sentimentul de împlinire, satisfacţie, bucurie, iubire?

Împletirea acestor elemente transformă un om obișnuit într-unul extraordinar. Atunci când dai drumul controlului, atunci când treci de la mândrie la curaj, te îndrepți cu pași rapizi spre tine cel cu adevărat, spre iubire.

Dorința imensă de schimbare și de pregătire mentală și sufletească până când acest pas este făcut are o importanță foarte mare. Semințele nu fac roade într-un pământ arid, așa cum nici schimbarea nu se produce peste noapte. Deschiderea, curiozitatea, încrederea în tine și în oamenii pe care-i alegi să fie alături de tine sunt ingrediente esențiale.

Iulian, conștient sau nu, a respectat toate aceste lucruri, adaptându-se, fiind receptiv și având grijă de felul cum se simte. A reușit să treacă peste niște bariere care, la început, erau imposibil de trecut.

Fiecare zi, mai ales atunci când merge la dl M, este îmbrățișată cu bucurie, deși, de câteva zile, inima îi bate mai puternic decât de obicei atunci când se apropie de casa bătrânului.

- Bună ziua, dle M!

- Bună ziua, Iulian! Ce faci?

- Am venit să te văd. Și să stăm la povești, să-ți spun ce descoperire am mai făcut. Știi, este foarte interesant pentru mine că am avut o părere greșită despre limba română, considerând-o altfel decât este. Credeam că e foarte dificilă și încâlcită.

De fapt, eu am interpretat așa lucrurile luând în seamă foarte mult și ce spuneau alții. Nu m-am oprit să mă gândesc de ce alții au o astfel de părere despre gramatică. Din cauză că lor nu le place, din diferite motive, mi-au transmis și mie ideea că nu-mi place nici mie, fără să văd măcar cum este.

Dar, dle M, cred că este frumoasă și captivantă! Noi doi suntem prieteni, cum altfel să învăț? Și mai am un secret: mă joc. Foarte mult. Alternez învățatul cu joaca și, astfel, îmi creez ziua într-un mod minunat.

Bătrânul se uită cu drag la băiat și are un sentiment de împlinire. „Acesta, își zice, este omul de mâine. Un om nou, cu un mod de gândire și de a fi diferit."

- Dle M, nu mai visa cu ochii deschiși! Acum îți spun cum stă treaba cu virgula în frază, spune zâmbind Iulian.

- Sunt atent! Te ascult.

- Așa. În cazul virgulei, nu este o regulă generală, care se aplică tuturor limbilor. Este semnul de punctuație cel mai puțin fix și în multe cazuri este lăsat la aprecierea celui care scrie. Ține seama mai mult de înlănțuirea ideilor în propoziție sau în frază. În loc să spună cineva că nu știe, ar fi grozav dacă ar înțelege modul cum funcționează. Să zicem că situația în care se pune virgula este un organism viu. Ca și corpul. Și studiezi componentele ca să înțelegi, apoi să aplici și să identifici elementele.

De exemplu, în cazul gramaticii, este bine să ai habar de cum este construită o frază; ce fel de propoziții sunt, care este raportul între ele. La început, muncești puțin, însă după aceea știi toată viața.

Despre tipul de propoziții, dle M, îți spun mai multe altădată, atunci când o să mă concentrez doar pe ele. Acum... dacă am început cu virgula, să termin acest capitol.

Uite, de exemplu, atunci când ai de-a face cu o inversiune, adică atunci când fraza începe cu o propoziție secundară, ai opțiunea de a pune virgulă.

- Iulian, ce înseamnă propoziție principală și propoziție secundară?

- Ah, ce bine că m-ai întrebat! Am uitat să spun asta.

O propoziție principală este acea **propoziție de sine stătătoare**, care nu e legată de o altă propoziție, nu are element de legătură și are înțeles dacă o scrii separat. La polul opus, o **propoziție secundară** (subordonată) este cea care **nu are înțeles dacă e luată separat**, are un element de legătură (adverb, conjuncție etc.), depinde de o altă propoziție.

> Am venit la tine / când m-ai chemat.

Am venit la tine este propoziție principală.

...când m-ai chemat este propoziție secundară, circumstanțială de timp, deoarece răspunde la întrebarea „când?"

Dacă spui „*Am venit la tine*", poate fi de ajuns pentru că are sens.

În schimb, dacă spui „când m-ai chemat", nu mai are înțeles.

- Și acum să pornim în descoperirea acestor situații, unde avem de-a face cu propoziții principale și propoziții secundare.

Înainte de asta, vreau să-ți mai spun ceva: propoziția principală devine regentă atunci când de ea depind una sau mai multe propoziții subordonate.

Nimeni nu l-a văzut, [1]/ deși se vorbește despre el./[2]

Propoziția „Nimeni nu l-a văzut" este regentă pentru propoziția „deși se vorbește despre el".

Și acum... să începem:

- **Propoziția subiectivă** (îndeplinește funcția de subiect al propoziției regente)

a) Dacă se află <u>după</u> propoziția regentă (principală) <u>nu</u> se pune virgulă.

> Nu-i egoist [1]/cine are grijă de el. [2]/ (**cine** are grijă de el? cine nu-i egoist)

b) Dacă este <u>înainte</u> de regentă (principală) și dacă este <u>reluată printr-un pronume demonstrativ,</u> **se pune virgulă.**

> Cine se cunoaște[1]/, acela reușește.[2]/ (**cine** reușește? cine se cunoaște)

c) Dacă propoziția subiectivă <u>nu este reluată de un pronume demonstrativ,</u> **nu se pune virgulă.**

> Cine se cunoaște[1]/ reușește.[2]/ (**cine** reușește? cine se cunoaște)

- **Propoziția atributivă** (îndeplinește funcția de atribut pe lângă un substantiv – sau un înlocuitor al acestuia – din propoziția regentă)

> Am văzut-o pe mama [1]/care venea de la piață. [2]/ (**care** mamă? care vine de la piață)

Nu se desparte prin virgulă.

În cazul în care această propoziție **explică** ceva anume, **se folosește virgulă**.

Vecina mea[1]/, căreia i-am împrumutat o carte[2]/, s-a mutat din oraș.[3]/ (**care** vecină? căreia i-am împrumutat o carte)

- **Propoziția completivă directă** (îndeplinește funcția unui complement direct, arătând obiectul asupra căruia se răsfrânge acțiunea verbului)

a) Dacă se află <u>după</u> regentă (principală), **nu** se pune virgulă.

Știu[1]/ ce i-ai zis prietenei mele.[2]/ (**ce** știu? ce i-ai zis prietenei mele)

b) Dacă se află <u>înainte</u> de regentă (principală), **se desparte**, de obicei, **prin virgulă**.

Ce vrei de la mine[1]/, eu nu am.[2]/ (ce nu am? ce vrei)

- **Propoziția completivă indirectă** (îndeplinește funcția de complement indirect, care se referă la o acțiune sau la o însușire și care răspunde la întrebările: cui? la cine? de cine? de ce? despre cine? despre ce? pentru cine? pentru ce?)

a) Dacă se află <u>după</u> regentă (principală), **nu** se pune virgulă.

> Îmi pasă[1]/ de ce simt eu. [2]/ (de ce îmi pasă? de ce simt)

b) Dacă este <u>înainte</u> de regentă (principală), **se pune virgulă**.

> De ce ți-e frică[1]/, nu scapi.[2]/ (de ce nu scapi? de ce ți-e frică)

- **Propoziția circumstanțială de loc (îndeplinește funcția de complement circumstanțial de loc, arătând locul unde se petrece acțiunea din regentă)**

a) Dacă se află <u>după</u> regentă (principală), **nu** se pune virgulă.

> Ne întâlnim[1]/ **unde** am stabilit.[2]/ (unde ne întâlnim? unde am stabilit)

b) Dacă se află <u>după</u> regentă (principală) și este introdusă de adverbul **acolo**, se desparte prin virgulă.

> **Unde** e Irina[1]/, **acolo** e și Maria.[2]/

c) Dacă este înainte de regentă (principală), sunt două situații:

c1) Dacă **nu** se subliniază ideea din circumstanțiala de loc, **se pune virgulă.**

> **Unde** sunt ape ^{1}/, sunt și pești.^{2}/ (pot fi ape și unde nu sunt pești)

c2) Dacă propoziția circumstanțială de loc este înainte de regentă, are un rol esențial în frază, legătura dintre ea și propoziția regentă (principală) fiind foarte strânsă, **nu** se pune virgulă.

> **Unde** sunt ape^1/ sunt și pești. ^{2}/ (numai unde sunt ape sunt și pești)

d) Dacă propoziția este intercalată, așezată înaintea predicatului, **este cuprinsă între virgule.**

> Acasă ^{1}/, **unde te așteaptă familia**^{2}/, mereu este bine.

- **Propoziția circumstanțială de timp (temporală)**
  (are funcția unui complement circumstanțial de timp și arată când se petrece acțiunea din regentă)

a) Dacă se află după regentă (principală), **se pune virgulă** atunci când **în propoziția regentă** sau principală **este un complement circumstanțial** (când? de când? până când? cât timp?) sau **o propoziție circumstanțială**:

> Am ajuns[1]/ **când** ai sunat.[2]/ (în prop. 1 nu se află niciun complement circumstanțial; nu este propoziție circumstanțială)
>
> Am ajuns acasă[1]**, când** ai sunat. [2]/ (în prop. 1 este un complement circumstanțial loc - acasă)

b) Dacă se află înainte de regentă (principală), sunt două situații, la fel ca la circumstanțiala de loc:

b1) Dacă **nu** se subliniază ideea din circumstanțiala de timp, **se pune virgulă.**

> **Când** am plecat[1]/, totul era bine. [2]/ (era bine și înainte să plec)

b2) Dacă propoziția circumstanțială de timp este înainte de regentă, are un rol esențial în frază, legătura dintre ea și propoziția regentă (principală) fiind foarte strânsă, **nu** se pune virgulă.

Când am plecat[1]/ totul era bine.[2]/ (numai atunci era bine)

c) Atunci când, în regentă (principală), este un adverb corelativ, se pune virgulă.

Când te-ai plictisit[1]/, **atunci** să vii.[2]/

- **Propoziția circumstanțială de cauză** (are funcția unui complement circumstanțial de cauză; poate fi recunoscută prin conjuncțiile: că, deoarece, căci, fiindcă, întrucât, dacă; prin locuțiunile conjuncționale: din cauză că, din pricină că, de vreme ce, pentru că, odată ce)

Te-am sunat și[1]/, **fiindcă** nu ai răspuns[2]/, am ieșit singură în oraș.[3]/

b) Atunci când <u>se pune accent pe propoziția circumstanțială</u> și este <u>singurul motiv</u> pentru care <u>se petrece acțiunea din regentă</u>, **se pune virgulă.**

Îmi iau cizmele[1]/, **fiindcă** plouă.[2]/ (numai pentru că plouă îmi iau cizmele.)

Îmi iau cizmele[1]/ **fiindcă** plouă.[2]/ (îmi iau cizmele și dacă nu plouă)

- **Propoziția circumstanțială de scop sau finală**
(îndeplinește funcția unui complement circumstanțial de scop)

a) Atunci când se află <u>înaintea</u> regentei (pricipalei), de regulă, **se pune virgulă**.

> Ca să te liniștești[1]/, fă o plimbare în parc.[2]/

b) Atunci când se află <u>după</u> regentă (principală), sunt două situații:

b1) Dacă **nu** se subliniază ideea din circumstanțiala de scop, **se pune virgulă**.

> Oamenii s-au adunat[1]/, **să** vadă cum se ceartă cei doi.[2]/
> (oamenii s-au adunat nu doar să vadă ceartă, ci și din alte motive)

b2) Dacă propoziția circumstanțială de scop este <u>după</u> regentă și are un <u>rol esențial în frază</u>, legătura dintre ea și propoziția regentă (principală) fiind foarte strânsă, **nu** se pune virgulă.

> Oamenii s-au adunat[1]/ **să** vadă cum se ceartă cei doi.[2]/ (oamenii s-au adunat doar să vadă cearta)

- **Propoziția circumstanțială de mod sau** modală (îndeplinește funcția unui complement circumstanțial de mod)

a) Indiferent care este locul lor în frază, **de obicei, se pune virgulă.**

Cum îți așterni[1]**,** așa dormi.[2]/

Se uită la mine[1]/, **fără să înțeleagă.** [2]/

b) Dacă ideea din propoziția circumstanțială de mod are un rol esențial în frază, legătura dintre ea și propoziția regentă fiind foarte strânsă, **nu** se pune virgulă.

Am făcut[1]/ **cum** mi-ai spus tu.[2]/ (nu cum am vrut eu, ci numai cum ai vrut tu)

- **Propoziția circumstanțială consecutivă** (arată rezultatul unei acțiuni, al unei stări sau al unei însușiri din regentă și răspunde la întrebarea: care este rezultatul faptului că...?); se recunoaște după conjuncțiile și locuțiunile conjuncționale: încât, încât să, de, că, așa că. Un alt secret este acesta: înlocuiește elementul de legătură cu *încât* și pune în regentă *așa, astfel, așa de + adjectiv, în așa măsură*

(A plouat de s-au inundat casele = A plouat aşa de mult, încât s-au inundat casele).

a) Pentru că arată rezultatul acţiunii din regentă, propoziţia circumstanţială consecutivă stă întotdeauna după regentă şi **se pune virgulă.**

A mâncat atât de mult[1]/, **încât** s-a îngrăşat.[2]/

Sunt prea mulţi[1]/, **ca** să încapă.[2]/

b) Propoziţia circumstanţială consecutivă introdusă prin **de** nu se desparte prin virgulă **dacă stă aproape de regentă.**

Era slab[1]/ **de** i se vedeau oasele.[2]/

Era atât de supărat [1]/, **de** zici că i s-au înecat corăbiile .[2]/

- **Propoziţia circumstanţială condiţională** (exprimă o ipoteză sau o condiţie de a cărei realizare depinde înfăptuirea acţiunii din regentă); se recunoaşte prin conjuncţii ca: *dacă, de, să*; prin locuţiuni conjuncţionale: *în caz că* şi prin adverb, cu valoare de conjuncţie.

a) Poate sta și înainte, și după regentă și se **pune, de regulă, virgulă.**

Dacă mă trezesc devreme[1]/, ajung repede în oraș.[2]/

b) Dacă ideea din circumstanțială are un rol esențial, este singura condiție să se realizeze acțiunea din regentă, **nu** se pune virgulă.

Te ajut[1]/ **dacă** mă ajuți.[2]/ (te ajut **numai** dacă mă ajuți)

c) Condiționala juxtapusă stă numai înaintea regentei și **se pune virgulă.**

Ai carte[1]/, ai parte.[2]/ (dacă ai carte, ai parte)

- **Propoziția circumstanțială concesivă** (arată un obiect ori o împrejurare care ar fi putut împiedica acțiunea și răspunde la întrebarea: în ciuda cărui fapt?); se poate recunoaște prin: *în ciuda, în pofida, deși, cu toate că, din contră, împotrivă, chit că, chiar dacă (de), măcar că (să, de), oricum, orice...* Se poate recunoaște ușor dacă înlocuicști elementul de legătură cu *deși* și pui în regentă unul dintre adverbele *tot, totuși* (Fără să fi învățat, a luat nota zece = Deși nu a învățat nimic, totuși a luat nota zece.)

Propoziția circumstanțială concesivă mereu se desparte de restul frazei prin virgulă, indiferent de locul unde se află.

Merg la piață[1]/, **deși** mai am mâncare.[2]/

Cu toate că mai am mâncare[1]/, merg la piață.[2]/

- **Propoziția circumstanțială de excepție**

Nu se desparte prin virgulă de regenta ei.

Nu face altceva[1]/ **decât** să doarmă.[2]/

- **Propoziția circumstanțială cumulativă**

Se desparte de regenta ei prin **virgulă.**

După ce că a întârziat[1]/, mai vrea să și plece mai devreme.[2]/

Pe lângă faptul că are hainele murdare[1]/, mai vrea să meargă și la film.[2]/

- **Propoziția circumstanțială opozițională**

Atunci când sunt două propoziții în <u>opoziție</u>, **se pune virgulă.**

> În loc să vină¹/, pleacă.²/
>
> Ieșim din casă¹/, pentru a intra în mașină.²/

Ziua a 60-a – Și virgula are un loc sub soare

Uită-te în jur și spune-mi ce vezi, ce simți. Ai trecut de multe ori printr-un loc, dar acum îl observi cu adevărat? Acum poate vezi culorile, textura, formele. Îți vine să te oprești, să stai un timp să privești, pur și simplu, să admiri, să fii recunoscător că ești în acel loc pentru a-ți încânta privirea cu așa priveliște frumoasă.

Acesta e momentul prezent când tu și tot ce te înconjoară sunteți două fețe ale aceleiași monede. Vă priviți în ochi, vă recunoașteți, vă zâmbiți și simțiți căldură.

Fiecare clipă este un moment prezent. Viața e făcută doar din momente prezente și noi alegem cum le percepem.

Iulian este încântat de această descoperire. Pentru el, este o mare realizare faptul că se poate bucura de lucruri aparent banale, dar de o mare importanță pentru starea lui de spirit.

Deseori întârzie la întâlnirea cu dl M doar pentru a se opri și a admira ce-i iese în cale. Atunci își pregătește momentul

în care mintea lui îi va fi solicitată. Își încarcă bateriile și nu opune rezistență stării de exaltare, de bine, stării lui naturale, de fapt.

- Bună ziua, dle M!

- Bună ziua, copile drag! Cum te simți după obstacolul mare pe care l-ai trecut cu brio citind despre virgula în frază?

- Sunt puțin obosit. Sau am fost. De asta nu am venit atâtea zile la tine. Tu ce faci?

- Îmi strângeam niște lucruri prin casă.

Deși Iulian este curios până la cer, nu întreabă nimic.

„Las' că mai este vreme", își zice băiatul.

- Eu am venit la tine, dle M, pentru că vreau să știu sigur că am înțeles bine. Îndată mă apuc și eu să mai schițez ceva, mi-a venit azi-noapte o imagine cu niște dragoni de pe altă planetă.

- Și acum ce vrei să știi?

- Vreau să fac un fel de rezumat, să văd dacă m-am lămurit cu virgula.

- Să vedem. Eu sunt aici, te ascult, și zâmbește cu drag copilului.

„Se apropie", zice bătrânul șoptit.

- Bine. Încep. Îți scriu pe foaie, să vezi și tu.

La ce să fiu atent atunci când scriu ceva și atunci când trebuie sau nu să pun virgulă.

Virgula în propoziție

- Etc.; ș.a.m.d. (nu se pune virgulă înainte de ele).
- Vocativul cere virgulă.
- Înaintea lui „și" uneori se pune virgulă.
- Apozițiile cer virgulă.
- Cuvintele incidente cer virgulă.
- Cuvintele de umplutură cer virgulă.
- Adverbele de afirmație și de negație cer virgulă.
- Conjuncțiile adversative cer virgulă.
- Cuvintele perechi cer virgulă.
- <u>Nu</u> se pune virgulă atunci când avem părți de propoziție diferite (între subiect și predicat).

- Atunci când avem o enumerare, ultimul element fiind introdus prin „și" copulativ, <u>nu</u> se pune virgulă înainte de „și" (eu, mama și tata).

- Atunci când avem o construcție de felul: X, Y și Z <u>nu</u> se pune între ele virgulă (și eu și tu și ea).

- Părțile de propoziție de același fel se despart prin virgulă (subiect multiplu etc.).

- Între propozițiile coordonate juxtapuse (Eu alerg, tu gătești, el ajunge acasă.) se pune virgulă.

- Atunci când ai un adverb între subiect și predicat, se pune virgulă.

- Atunci când ai un complement circumstanțial între subiect și predicat, se pune virgulă.

- Atunci când sunt cuvinte perechi, se pune virgulă (și... și etc.).

- Atunci când ai, la începutul unei fraze, un verb la gerunziu sau la participiu, se pune virgulă.

- Înainte de *precum și, ca și.*

- Atunci când în propoziție sau în frază se află „*de exemplu*", se pune virgulă, indiferent de loc.

- Atunci când sunt interjecții, se pune virgulă.

- *Aşadar, deci, prin urmare* cer virgulă .

Virgula în frază

- Când se află **după** regentă (principală), nu se pune virgulă, atunci când avem de-a face cu:

- propoziție subiectivă

- propoziție completivă directă

- propoziție completivă indirectă

- propoziție circumstanțială de loc

- propoziție circumstanțială de timp (atunci când în regentă nu este niciun complement circumstanțial sau atunci când regenta nu este circumstanțială)

- Propoziția circumstanțială consecutivă (încât) se află numai după regentă și se pune virgulă.

- Propoziția circumstanțială concesivă (deși) cere mereu virgulă.

- Atunci când o propoziție se află **înainte de regentă**, sunt două situații:

1) **se pune virgulă** atunci când **nu se subliniază ideea din propoziția circumstanțială**

Dacă mi-e foame, mănânc. (mănânc şi atunci când nu mi-e foame, cam tot timpul)

2) nu se pune virgulă atunci când propoziţia circumstanţială are un rol important în frază, între cele două propoziţii (regentă şi circumstanţială) este o legătură atât de mare, încât nu poţi să le desparţi cu o virgulă

Dacă mi-e foame mănânc. (mănânc numai atunci când mi-e foame; acesta este motivul pentru care mănânc)

În această situaţie, sunt următoarele propoziţii:

- propoziţia circumstanţială de scop

- propoziţia circumstanţială de mod

- propoziţia circumstanţială condiţională

Şi Iulian se uită, mândru de el, cu o satisfacţie pe chip imensă, la ceea ce a scris pe foaie. El, el, băiatul care plângea atunci când l-a cunoscut pe dl. M, a scris toate acestea.

Iulian se pare că trăieşte un vis din care nu vrea să se trezească.

- Dle M, este bine ce am scris?

- Este perfect, zice bătrânul cu ochii în lacrimi. Şi acum, scuză-mă, te rog, vreau să dorm puţin.

Copilul se întristează, pentru că voia să mai stea de vorbă cu el. Îi este dor de sfaturile lui, de cuvintele frumoase, de veselie...

- Bine, te las singur. Ne vedem mai târziu.

- Iulian, spune dl M! Nu lăsa pe nimeni să-ți fure visul. În tine există toată puterea, fericirea, cunoașterea.

În urma băiatului, bătrânul a închis ferestrele, și-a strâns cele câteva lucruri ale lui și... a plecat. A lăsat ușa deschisă, pentru când o veni Iulian, poate se mai adăpostește de ploaie și citește sau scrie.

Nu se uită în urmă, ci pleacă tot înainte, cu inima bătând puternic.

„A venit momentul. Atât a fost rolul meu. Să-l ghidez să-și deschidă aripile. Acum poate și singur să zboare, deși la început durerea lui o să fie mare."

A doua zi, Iulian, cu un teanc de foi în mână, vrea să-i arate ceva bătrânului.

- Dle M! Uitați ce...

Și deschide ușa.

Acum tot ce vede este o încăpere pustie, o masă, două scaune și un pat. Și un bilet pe masă pe care scrie:

„Mulțumesc! Descoperă-ți iubirea și pacea din tine și vei fi mereu fericit!"

Băiatul a început să plângă, a ieșit să alerge, poate îl prinde din urmă, deși nici nu știa încotro să meargă.

- A plecat... chiar a plecat de data asta. Speram să mai stea puțin...

Acum, Iulian este cel care permite energiei să curgă și să dea mai departe lumii din comoara inimii lui.

De-acum, este pe cont propriu. După această experiență, Iulian nu mai este același om.

Deși simte un gol în stomac, deși dl M îi va lipsi, copilul rămâne cu niște lecții valoroase care-l vor însoți toată viața.

Închide ochii și respiră adânc. Simte pulsul vieții și energia plimbându-se prin tot corpul.

- Asta e! strigă copilul. Asta e puterea mea interioară! Asta este ce voia dl M să-mi arate în interiorul meu.

Iulian deschide ochii și se observă în mijlocul unei realități pe care o cunoaște prea bine. Este realitatea din interiorul lui. Iar el se recunoaște în tot ce este în exterior și urmează cel mai bun sfat, care vine de la frizer: „Capul sus!"

Privirea îi este înainte, scrutând orizontul și fixându-i direcția: înainte.

Inima îi bate puternic şi tot ce ştie acum este că singura persoană pe care se poate baza este doar el. Are încredere în el şi în viaţă. Chiar dacă unii încă nu ştiu asta, viaţa este cea mai bună prietenă a lor. Ea îi ascultă, îi învaţă, le arată, le dă ceea ce ei cer şi le rămâne fidelă.

Iulian ridică un deget în aer şi începe să aştearnă imaginar, pe prima pagină a noii lui vieţi, ca şi cum ar fi cartea pe care vrea să o scrie, următoarele cuvinte:

„Îmi place cine sunt eu. Voi învăţa mai departe ce am început. Vreau şi pot să scriu prima mea carte. Ea există deja şi mă aşteaptă pe mine să fiu pregătit să-mi aştern gândurile".

- Mulţumesc, viaţă, pentru încurajări şi pentru sprijin! Ştiu că eşti aici pentru mine. Te iubesc!

Felicitări din inimă pentru putere, răbdare şi curaj!

Acum ai o fundaţie solidă din litere peste care poţi construi ce vrei tu!

Cuvintele înseamnă să alegi

La început, s-a spus că gramatica este „un ansamblu de reguli cu privire la modificarea formelor cuvintelor și la îmbinarea lor în propoziții; ramură a lingvisticii care se ocupă cu studiul structurii gramaticale a unei limbi sau cu studiul tuturor elementelor constitutive ale unei limbi". (dexonline)

Apoi, pe fundalul unei stări de stres și respingere, cuvintele, în loc să fie o unealtă ajutătoare, au devenit o entitate cocoțată în vârf de munte, singură, neînțeleasă, acoperită cu termeni greoi pentru limbajul cotidian, luându-și un aer superior, privind oamenii de sus.

Aceștia, dând nas în nas cu rezistența modului în care gramatica este explicată, au început să o respingă și ei. Ca doi magneți care nu se plac.

Oamenii au emoții. Așa sunt construiți în esență. Sunt sensibili și pot fi răniți foarte ușor. Da, chiar folosind cuvintele pe care urmează să le studieze. Sunt criticați, judecați, etichetați. Încă de mici copii, atunci când curiozitatea lor este mare și sunt receptivi. Chiar atunci, când ușa este deschisă, în loc să vină învățătura scăldată în iubire, sunt agresați, mustrați pe un ton tăios.

În acel moment, precum florile, atunci când vine noaptea, se închid, pun zăvoare, lacăte și își promit că nu se mai lasă niciodată răniți pentru că au greșit un cuvânt.

Din păcate, gramatica se află la mijloc. Însă ea doar este. Un cuvânt este doar un cuvânt din dicționar. Nu este nici frumos, nici urât, nici rău, nici bun, ci interpretarea pe care noi i-o dăm aduce judecată de valoare.

Din cauza felului emoțional în care oamenii au „învățat" gramatica, aceasta este pusă la zid, crezându-se că ea este principalul vinovat. Din cauza ei, pentru că există, oamenii nu știu să se exprime. Ea este la fel ca matematica, ca fizica etc. Doar că este mult mai folosită decât acestea, de fapt, în fiecare zi, fiind un instrument social. Este o formă de comunicare, iar dacă s-ar face legătura dintre suflet și cuvinte, acestea din urmă ar fi artă.

„Dacă n-ar fi așa multe reguli, cuvinte, virgule și iar virgule, toată lumea ar ști să vorbească și să scrie corect", spun unii oameni.

De fapt, gramatica este doar un mijloc de comunicare, un mod de a gândi, de a formula propoziții, fraze, gânduri.

Un cuvânt, în sinea lui, este o înșiruire de litere, iar acest lucru poate să însemne totul sau nimic.

Cuvintele sunt strâns legate de noi, oamenii, de sufletul nostru și de ce simțim. E ca și cu hainele pe care le purtăm.

Unele sunt moi, catifelate, plăcute la atingere. Altele ne înțeapă pielea și ne fac să ne simțim inconfortabil.

Cuvântul este viu. Este energie. Și are și memorie. De câte ori nu „am împrumutat" de la unele persoane cuvintele lor preferate... Pentru că îmi plăceau. Cred că mai mult îmi plăceau acele persoane și atunci am vrut să mă simt mai apropiată de ele. Așa că am început să împrumut ceva drag lor, care transmite emoție.

Am vrut să mă conectez cu ele. Și am luat puțin din energia lor, reconstituindu-mi o nouă atitudine, un nou mod de a gândi.

Îmi sunt dragi cuvintele. Însă mai dragă îmi este emoția transmisă. Dincolo de înțelesul din dicționar, fiecare cuvânt are o amintire, sau mai multe, cu sensuri diferite. De aceea, e bine să nu mai faci presupuneri, crezând că înțelegi, și să întrebi cealaltă persoană ce înseamnă pentru ea acel cuvânt. Atunci comunicarea nu va mai fi cu găuri, unele de nereparat, ci ne vom apropia mai mult, vom asculta, vom înțelege, vom ști cum să răspundem și vom avea un spectru mai larg al cunoașterii, ne vom lărgi orizontul și vom adopta pluriperspectivismul.

Alături de priviri, atingeri, emoții transmise în mod evident sau subtil, cuvintele sunt o altă modalitate de a comunica. Și au putere. Nu le subestima.

Ele transmit ce este în interiorul fiecăruia. Pentru că nu are cum să fie altfel. Transmitem ce percepem.

Un limbaj îngrijit arată multe despre o persoană: așa cum se „comportă" cu acele cuvinte pe care le folosește, așa face și cu ea însăși. Are grijă, claritate, simte și transmite iubire, însuflețind niște litere, grupate în cuvinte, preocupându-se să le pună la locul potrivit, ca într-un puzzle.

Dându-le viață, îi pasă de ele.

Cuvintele sunt ca și lucrurile. Ele sunt așa cum sunt. De tine depinde dacă le urăști sau le iubești, dacă le neglijezi sau le dai atenția pe care o merită. Le dai amprenta ta personală.

Gramatica îți dă posibilitatea să alegi. Alegi să accentuezi un cuvânt, punându-l între virgule, să-ți aduci contribuția, explicând ceva (folosind paranteze), să alegi sinonime, să vezi contextul în ansamblu, înlocuind piese din puzzle-ul pe care-l construiești prin scrierea unui text.

Îți dă posibilitatea să alegi starea de spirit, deoarece folosești cuvinte în funcție de ea. Și atunci când schimbi un cuvânt, se schimbă și atitudinea.

Deseori, un obstacol fals îl constituie cuvintele de specialitate, fapt care este doar un pretext pentru a nu deschide ușile în spatele cărora te-ai baricadat.

În cazul în care nu vrei să fii lingvist, profesor de română sau orice altceva care are legătură cu aceste activități, nu este cazul să știi chiar tot ce este scris în cărțile de gramatică, toți termenii tehnici. Însă există câteva elemente esențiale, de bază, de care nu te poți dezice.

E ca și în cazul semnelor de circulație. A durat puțin până le-ai învățat, dar acum ți se pare ceva normal să le știi.

Așadar, respiră adânc, ia o pauză, fă o plimbare în natură pentru a te alinia cu tine, cel din interior, pregătește-ți terenul, starea în care vrei să înveți cum să te exprimi și să vorbești corect, mută-ți cu un centimetru mai încolo gândul, astfel încât să privești partea bună a lucrurilor și așteaptă-te să ai cea mai grozavă oră în care mai înveți un cuvânt, o regulă sau în care scrii ceva inspirațional, de care să fii mândru.

Crede în tine și în puterea ta interioară, deschide porțile curiozității și împrietenește-te cu literele!

Cea mai importantă persoană din viața ta ești tu și meriți să trăiești în armonie cu tot ce te înconjoară.

ANEXA 1

Iar acum iată lista pe care dl M i-a dat-o lui Iulian. Aşa cum o să-l ajute pe el mult şi o să-i dea mai multă încredere, aşa sper să te ajute şi pe tine.

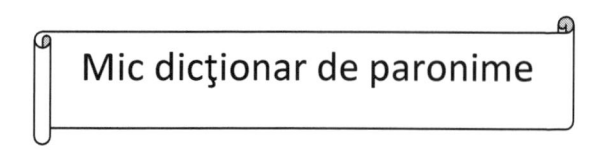

Mic dicţionar de paronime

- **a absorbi** (verb) = a încorpora o substanţă; (fig.) a preocupa
  - **a adsorbi** (verb) = a fixa moleculele unei substanţe pe suprafaţa unui corp solid
- **adagio** (adverb) = lent (muz.)
  - **adagiu** (substantiv) = maximă
- **albastru** (adjectiv) = culoare
  - **alabastru** (substantiv) = varietate de ghips
- **alienare** (substantiv) = înstrăinarea unui bun
  - **alienaţie** (substantiv) = boală mintală, nebunie
- **alineat** (substantiv) = rând dintr-un text a cărui scriere începe mai dinăuntru pentru a arăta trecerea la altă idee
  - **aliniat** (adjectiv) = aşezat în linie dreaptă

- **antonimie** (substantiv) = relația de opoziție dintre două cuvinte antonime
  - **antinomie** (substantiv) = contradicție între două principii care se exclud reciproc, dar care pot fi demonstrate logic fiecare în parte
- **anual** (adjectiv) = care are loc o dată pe an; care durează un an
  - **anuar** (substantiv) = publicație anuală de bilanț a activității unei instituții
- **a apropia** (verb) = a aduce aproape
  - **a apropria** (verb) = a-și însuși un bun străin
- **arbitral** (adjectiv) = hotărât de arbitru; alcătuit din arbitri
  - **arbitrar** (ajectiv) = după bunul plac; ales la întâmplare
- **a asculta** (verb) = a percepe cu auzul un sunet
  - **a ausculta** (verb) = a asculta cu urechea sau cu stetoscopul (medicina)
- **atlas** (substantiv) = colecție de hărți, grafice, imagini

- - **atlaz** (substantiv) = țesătură asemănătoare cu satinul
- **calitate** (substantiv) = însușire
  - **caritate** (substantiv) = filantropie, generozitate
- **cauzal** (adjectiv) = privitor la cauză
  - **cazual** (adjectiv) = care are un caracter întâmplător; care arată cazul gramatical
- **campanie** (substantiv) = operațiuni ale forțelor armate
  - **companie** (substantiv) = subunitate militară; întreprindere; grup de persoane care-și petrec timpul împreună
- **comunicare** (substantiv) = înștiințare, raport, lucrare științifică
  - **comunicație** (substantiv) = mijloc de legătură între două puncte (rutier, telefonic)
- **concesie** (substantiv) = îngăduință, cedare în favoarea cuiva

- o **concesiune** (substantiv) = drept de a exploata un bun acordat de un stat unui alt stat sau unor întreprinderi străine
- ➢ **a compara** (verb) = a observa asemănări şi diferenţe; a confrunta
  - o **a compărea** (verb) = a apărea în faţa unei instanţe judecătoreşti
- ➢ **conjectură** (substantiv) = opinie bazată pe presupuneri
  - o **conjunctură** (substantiv) = împrejurare
- ➢ **a colabora** (verb) = a participa la o acţiune făcută în comun; a publica un articol într-o publicaţie
  - o **a corobora** (verb) = a întări, a sprijini, a consolida, a confirma
- ➢ **consemn** (pl. – e) (substantiv) = ordin; totalitatea obligaţiilor în timpul serviciilor de pază
  - o **consens** (pl. – uri) (substantiv) = acord, înţelegere
- ➢ **consort** (pl. – i) (substantiv) = soţul unei regine încoronate ca suverană

- **consorțiu** (pl. – ii) (substantiv) = înțelegere între grupuri monopoliste în vederea efectuării în comun a unor operațiuni avantajoase de mare amploare

➢ **consultare** (substantiv) = solicitare a unui aviz, a unei păreri

- **consultație** (substantiv) = examinarea unui pacient de către medic

➢ **corvetă** (substantiv) = navă de război de mic tonaj, ușor armată și foarte mobilă

- **covertă** (substantiv) = puntea superioară a unei nave

➢ **dental** (adjectiv) = sunet (consoană) articulat prin apropierea limbii de dinții incisivi

- **dentar** (adjectiv) = referitor la dinți

➢ **destins** (adjectiv) = care a pierdut din încordare, relaxat

- **distins** (adjectiv) = care se remarcă prin însușirile sale, care iese din comun; deosebit

➢ **diferență** (substantiv) = deosebire

- o **deferență** (substantiv) = respect, considerație deosebită
- ➢ **divizie** (substantiv) = mare unitate militară cuprinzând mai multe regimente; categorie de calificare a echipelor sportive
  - o **diviziune** (substantiv) = împărțire, separare
- ➢ **dependență** (substantiv) = subordonare
  - o **dependință** (substantiv) = încăpere accesorie a unei case de locuit (bucătărie, baie etc.)
- ➢ **a elucida** (verb) = a clarifica
  - o **a eluda** (verb) = a ocoli, a evita
- ➢ **a emigra** (verb) = a pleca din patrie și a se stabili în altă țară
  - o **a imigra** (verb) = a veni într-o altă țară străină pentru a se stabili acolo, a se stabili într-o altă țară
- ➢ **emergent** (adjectiv) = (despre radiații, corpuri) care iese dintr-un mediu după ce l-a străbătut
  - o **imergent** (adjectiv) = (despre o rază luminoasă) care străbate un mediu oarecare

- **eminent** (adjectiv) = excepțional, remarcabil
  - **iminent** (adjectiv) = inevitabil, care este pe punctul de a se produce și nu mai poate fi evitat
- **eroare** (substantiv) = greșeală
  - **oroare** (substantiv) = groază, dezgust
- **a evalua** (verb) = a aprecia, a stabili prețul, valoarea, numărul, cantitatea etc.
  - **a evolua** (verb) = a progresa
- **ezoteric** (adjectiv) = (despre doctrine, ritualuri) care poate fi înțeles numai de cei inițiați, ascuns, secret
  - **exoteric** (adjectiv) = (despre doctrine, ritualuri) accesibil, public
- **fentă** (substantiv) = procedeu în sport pentru inducerea în eroare a adversarului
  - **fantă** (substantiv) = deschidere îngustă (într-un perete); tăietură perpendiculară într-o țesătură
- **fisă** (substantiv) = piesă în formă de monedă, care poate declanșa funcționarea unui automat

- o **fișă** (substantiv) = foaie de hârtie sau carton pe care se fac însemnări

➢ **flux** (substantiv) = scurgere de lichid dintr-o masă de fluid, care se găsește în stare de repaus sau în mișcare

- o **influx** (substantiv) = propagare a unei excitații de-a lungul unei fibre nervoase (influx nervos)
- o **reflux** (substantiv) = faza de coborâre a nivelului mărilor și oceanelor în cadrul mareelor
- o **aflux** (substantiv) = afluență; îngrămădire a sângelui într-un punct al corpului

➢ **focal** (adjectiv) = privitor la focarul lentilelor sau al oglinzilor

- o **focar** (substantiv) = punct în care se întâlnesc razele convergente reflectate de către un sistem optic; parte a cuptoarelor în care se produce arderea combustibilului; focar magmatic; focar de idei; focar de infecție

➢ **flagrant** (adjectiv) = izbitor, evident

- o **fragrant** (adjectiv) = mirositor, parfumat

- **funcțional** (adjectiv) = referitor la o funcție; util, practic
  - **funcționar** (substantiv) = salariat îndeplinind o activitate cu caracter administrativ
- **a gera** (verb) = a administra în locul altuia
  - **a gira** (verb) = a garanta printr-un gir
- **glacial** (adjectiv) = de gheață, rece; (fig.) lipsit de căldură, distant
  - **glaciar** (adjectiv) = privitor la perioada glacială
- **ineligibil** (adjectiv) = care nu are calitățile cerute de lege pentru a putea fi ales
  - **inteligibil** (adjectiv) = care nu poate fi înțeles cu ajutorul gândirii logice
- **inerva** (verb) = (despre nervi) a produce o stare de excitare a unui țesut sau organ
  - **enerva** (verb) = a înfuria, a irita
- **insera** (verb) = a include o adăugare într-un text, articol, tabel etc.

- o **însera** (verb) = a se face seara, a rămâne undeva până seara

- ➢ **insolent** (adjectiv) = obraznic
  - o **insolit** (adjectiv) = neobișnuit
- ➢ **insolent** (adjectiv) = obraznic
  - o **indolent** (adjectiv) = leneș, nepăsător
- ➢ **a investi** (verb) = a plasa un capital, bani
  - o **a învesti** (verb) = a acorda cuiva în mod oficial o demnitate, o funcție
- ➢ **inveterat** (adjectiv) = învechit, înrădăcinat (în rele)
  - o **învederat** (adjectiv) = evident, clar
- ➢ **a irupe** (verb) = a se manifesta brusc, a izbucni
  - o **a erupe** (verb) = (despre vulcani, sonde) a face erupție
- ➢ **jantă** (substantiv) = partea exterioară a unei roți pe care se fixează pneul
  - o **geanta** (substantiv) = poșetă
- ➢ **lacună** (substantiv) = lipsă

- **lagună** (substantiv) = porțiune din bazinul unei mări separată aproape complet de aceasta printr-o fâșie de uscat

> **lineal** (substantiv) = instrument pentru trasarea, măsurarea sau verificarea liniilor și a dimensiunilor

- **linear** (adjectiv) = în linie dreaptă, format din linii

> **literal** (adjectiv) = care reproduce un cuvânt literă cu literă

- **literar** (adjectiv) = care se referă la literatură

> **manej** (substantiv) = loc pentru antrenament la călărie

- **menaj** (substantiv) = gospodărie, familie, căsnicie

> **miner** (substantiv) = muncitor în mină

- **minier** (adjectiv) = care se referă la extragerea de minereu

> **nefrită** (substantiv) = inflamare a rinichilor

- **nevrită** (substantiv) = leziune inflamatorie sau degenerativă a nervilor

- **nefroză** (substantiv) = leziune degenerativă a rinichiului, fără inflamare
  - **nevroză** (substantiv) = tulburare nervoasă cu caracter funcțional
- **numeral** (substantiv) = parte de vorbire
  - **numerar** (substantiv) = bani
- **omis** (adjectiv) = uitat, neglijat
  - **emis** (adjectiv) = enunțat, pus în circulație, produs
- **oral** (adjectiv) = transmis prin viu grai
  - **orar** (adjectiv, substantiv) = care indică orele, program de activitate stabilit pe ore
- **ordinal** (adjectiv) = numeral ordinar care indică ordinea numerică (a doua, a treia etc.)
  - **ordinar** (adjectiv) = obișnuit; de calitate inferioară; fracție ordinară
- **original** (adjectiv) = autentic, neimitat, neobișnuit, ciudat
  - **originar** (adjectiv) = care este de loc din (originar din Arad)

- **pensie** (substantiv) = sumă de bani plătită lunar pensionarilor
  - **pensiune** (substantiv) = întreținere (locuință și masă) primită de cineva într-o casă particulară în schimbul unei sume de bani
- **prenume** (substantiv) = nume de botez
  - **pronume** (substantiv) = parte de vorbire care ține locul unui nume
- **prepoziție** (substantiv) = parte de vorbire
  - **propoziție** (substantiv) = unitatea sintactică cea mai simplă prin care se exprimă o judecată sau o idee
- **a prescrie** (verb) = a stabili ceea ce urmează să se facă; a recomanda un medicament de către medic
  - **a proscrie** (verb) = a lua măsuri represive (privative de libertate) împotriva cuiva, în special, pentru motive politice; a alunga din țară, a exila
- **a preveni** (verb) = a atrage atenția asupra consecințelor unor acțiuni
  - **a proveni** (verb) = a-și avea originea în

- **rație** (substantiv) = cantitatea de hrană, apă, fixată pe un timp determinat; termen matematic
  - **rațiune** (substantiv) = judecată, gândire
- **a releva** (verb) = a evidenția
  - **a revela** (verb) = a dezvălui
- **a repara** (verb) = a readuce în stare de funcționare, a îndrepta
  - **a repera** (verb) = a determina cu un reper; a marca prin repere
- **solidar** (verb) = care leagă, care angajează mai multe persoane
  - **solitar** (adjectiv) = singuratic, pustiu
- **stimula** (verb) = a îndemna, a încuraja
  - **stipula** (verb) = a introduce, a prevedea o clauză într-un contract
- **stringent** (adjectiv) = care se impune în mod imperios, care nu suferă amânare, care presează
  - **astringent** (adjectiv) = substanță care produce strângerea țesuturilor animalelor
- **special** (adjectiv) = deosebit, ieșit din comun

- o **specios** (adjectiv) = înşelător, amăgitor
- ➢ **scală** (substantiv) = placă gradată pe care se pot urmări la radio lungimile de undă
  - o **escală** (substantiv) = loc de oprire a unei nave sau a unui avion
- ➢ **suveran** (adjectiv) = care deţine autoritatea supremă; (substantiv) conducătorul unui stat monahic
  - o **suzeran** (substantiv; adjectiv) = mare senior în cadrul relaţiilor de vasalitate; (despre state) care exercită suzeranitatea asupra unui stat
- ➢ **sudură** (substantiv) = operaţia de sudură şi rezultatul ei reprezentând îmbinarea a două piese de metal prin încălzire sau presare
  - o **sutură** (substantiv) = (anatomie) 1. articulaţie fixă în care oasele sunt strâns apropiate; 2. cusătură în chirurgie pentru a uni marginile
- ➢ **temporal** (adjectiv) = care indică timpul; os temporal – aşezat în regiunea tâmplelor

- o **temporar** (adjectiv, adverb) = trecător, provizoriu
- **transparent** (adjectiv) = limpede, prin care se poate vedea clar
  - o **transperant** (substantiv) = stor, jaluzea
- **tranzacție** (substantiv) = înțelegere, învoială, acord
  - o **tranziție** (substantiv) = trecere de la o formă la alta
- **text** (substantiv) = fragment dintr-o scriere, scriere
  - o **test** (substantiv) = experiment, probă
- **ubicuitate** (substantiv) = starea celui care este prezent pretutindeni sau în mai multe locuri în același timp
  - o **ambiguitate** (substantiv) = echivoc, lipsă de precizie, claritate
- **virtuos** (adjectiv) = cu multe virtuți, calități
  - o **virtuoz** (adjectiv) = muzician care stăpânește perfect tehnica unui instrument muzical

(*Limba română*, Ionela Lefter și Carmen Iordăchescu)

ANEXA 2

Acum îți dau și o listă, așa cum am făcut la paronime, cu **pleonasme**, cele mai cunoscute, să-ți fie de folos atunci când vei avea nevoie de ea.

- Accident întâmplător/imprevizibil/fortuit/banal = accident <din fr. „accident", lat. „acciens,-tis"> este un „eveniment fortuit, imprevizibil, care întrerupe mersul normal al lucrurilor.

- Acont în avans/înainte = acont <din it. Acconto", fr. „acompte"> este „o parte dintr-o sumă plătită sau încasată înainte.

- Acuratețe deosebită/mare/exactă = acuratețe <din it. „accuratezza"> este o „grijă deosebită, atenție mare, exactitate în executarea unui lucru.

- (A) (mai) adăuga în plus/încă = a adăuga <lat. „adaugere"> înseamnă „a mai pune peste, a da în plus.

- (A) alinia drept/în rând/ordonat = a alinia înseamnă „a așeza în linie dreaptă".

- Alocuțiune scurtă/ocazională = alocuțiune <din fr. „allocution", lat. „allocutio,-onis"> înseamnă „scurtă cuvântare ocazională".

- Alcoolemie în sânge = alcoolemie <din fr. „alcoolémie"> este „o prezență temporară a alcoolului în sânge, procent de alcool în sânge".

- Altercație verbală = altercație <din fr. „altercation", lat. „altercatio, -onis"> este „un schimb violent de cuvinte între două sau mai multe persoane".

- (A) amâna ulterior, mai târziu = a amâna înseamnă „a trece la îndeplinirea unei acțiuni într-un moment ulterior celui stabilit inițial, care se face sau se întâmplă mai târziu".

- Amploare largă/mare/dezvoltată = amploare <din fr. „ampleur"> este „însușirea de a fi amplu, mare, larg, devoltat".

- Aport adus = aport <din fr. „apporte"> este o „contribuție materială, intelectuală, morală etc. adusă de cineva".

- Astru ceresc = astru <din fr. „astre", lat. „astrum"> este un „corp situat pe bolta cerească".

- Atac agresiv = atac <din fr. „attaque"> este, aici, o „agresiune împotriva unei persoane, a unui stat etc.".

- Atu în plus = atu <din fr. „atout"> constituie un „element care, într-o anumită împrejurare, oferă cuiva un avantaj sau o şansă în plus".

- Autobiografie proprie/personală = autobiografie <din fr. „autobiographie"> este o „expunere orală sau scrisă a vieţii unei persoane scrisă de ea însăşi, deci personală, proprie".

- Aversă scurtă de ploaie = aversă <din fr. „averse"> are înţelesul de „ploaie torenţială de scurtă durată".

- Babă bătrână = baba <din bg., scr., ucr. „baba"> este o „femeie cu o vârstă înaintată".

- Ca de exemplu/de pildă/bunăoară/cum ar fi/să zicem = adverbul „ca"<din lat. „quam"> este sinonim cu „de exemplu, bunăoară, de pildă, cum ar fi, să zicem".

- Calamitate mare = calamitate <din fr. „calamité"> este o „nenorocire mare, dezastru".

- Caligrafie frumoasă = caligrafie <din ngr. „kalligràphia", fr. „calligraphie"> reprezintă „arta şi deprinderea de a scrie frumos".

- Capodoperă artistică/excepțională = capodopera <din it. „capo d'opera"> este o „operă artistică de o valoare excepțională".

- Caricatură satirică = caricatura <din fr. „caricature"> este o „reprezentare, mai ales în desen, a unei persoane sau a unei situații prin exagerarea unor trăsături, îndeosebi negative, cu o intenție satirică".

- Căptușeală interioară = căptușeala denumește „o pânză sau stofă cu care se dublează în interior".

- (A) clipi din ochi = a clipi <din sl. „klepati"> înseamnă „ a apropia și a îndepărta în mod ritmic pleoapele".

- (A) coborî jos = a coborî înseamnă „a (se) da jos dintr-un loc ridicat sau dintr-un vehicul".

- (A) continua mai departe/mai mult/înainte = a continua <din fr. „continuer", lat. „continuare"> înseamnă „a urma, a nu înceta; a merge înainte".

- (A) conține înăuntru/ în cuprins/în interior = a conține <din fr. „contenir", lat. „continere"> înseamnă (despre un recipient) „a fi umplut (total sau parțial) cu; a cuprinde, a avea în interior, înăuntru".

- (A) conviețui împreună/laolaltă/în același loc = a conviețui înseamnă „a trăi împreună, laolaltă, în același loc cu cineva".

- Convingere fermă/sigură/neîndoielnică = convingere înseamnă o „părere fermă asupra unui lucru".

- (A) coopera împreună = a coopera <din fr. „coopérer", lat. „cooperări") înseamnă „a lucra împreună cu cineva, a colabora, a conlucra".

- Dar însă = dar este o conjuncție adversativă sinonimă cu „însă, ci".

- Deci prin urmare/în consecință/drept care/așa fiind = conjuncția conclusivă *deci* este sinonimă cu loc. conj. „prin urmare, în consecință, drept care, așa fiind".

- (A) declanșa începerea/pornirea/izbucnirea = a declanșa <din fr. „déclencher"> înseamnă „a (se) porni, a începe".

- Degringoladă rapidă = degringolada <din fr. „dégringolade"> este o „prăbușire, rostogolire rapidă".

- Elocvență convingătoare/emoționantă/frumoasă/expresivă =

elocvența <din fr. „éloquence", lat. „eloquentia"> este „însușirea de a fi elocvent; arta de a vorbi frumos, emoționant, convingător; expresivitate".

- Elogiu laudativ/de preamărire/foarte favorabil = elogiu <din fr. „éloge", it. „elogio"> este un „discurs prin care este preamărit cineva; laudă deosebită adresată cuiva, apreciere foarte favorabilă".

- Energie dinamică/viguroasă/fermă/hotărâtă = energie <din fr. „énergie", lat. „energia"> reprezintă putere, tărie, forță, dinamism, vigoare; fermitate, hotărâre în atitudini".

- (A) examina amănunțit = a examina (din fr. „examiner", lat. „examinare"> înseamnă a „cerceta, a studia amănunțit ceva sau pe cineva".

- (A) exaspera din cale-afară/peste măsură = a exaspera <din fr. „exaspérer", lat. „exasperare"> înseamnă „a irita, a enerva peste măsură, a scoate din sărite".

- Exces abuziv, exagerat = exces <din fr. „excès", lat. „excessus"> înseamnă „exagerare, abuz".

- Exemplu ilustrativ = exemplu <din fr. „exemple", lat. „exemplum"> înseamnă „ceea ce serveşte drept model, ceea ce serveşte pentru a ilustra ceva".

- (A) expune la vedere = a expune <din lat. „exponere"> înseamnă „a aşeza la vedere, a arăta".

- (A) exulta de fericire/de bucurie = a exulta <din fr. „exulter", lat. „exsultare"> înseamnă „a simţi o mare bucurie, a fi foarte fericit".

- Fan entuziast/pasionat = fan <din engl. „fan", fr. „fan"> este un „admirator entuziast, pasionat, al unei vedete, al unei mişcări artistice".

- Fiasco total = fiasco <din it. „fiasco"> este un eşec total într-o acţiune, insucces, nereuşită".

- Gardian de pază/de supraveghere = gardian <din fr. „gardien"> este o „persoană însărcinată cu paza sau cu supravegherea unui local, a unei instituţii etc.".

- Hit de succes = hit <din engl. „hit"> este un „cântec de succes", „şlagăr".

- Iluzie falsă = iluzie <din fr. „illusion", lat. „illusio, -onis"> este o „percepţie falsă a unui obiect; speranţă neîntemeiată, dorinţă neîndeplinită".

- Impas dificil = impas <din fr. „impasse"> este o „situație dificilă în care se află cineva și din care nu știe cum să iasă".

- Impermeabil de ploaie = impermeabil <din fr. „imperméable", lat. „impermeabilis"> este o „manta de ploaie confecționată dintr-un material impermeabil".

- (A) impune cu forța/obligatoriu/prin constrângere = a impune <din lat. „imponere"> înseamnă „a constrânge pe cineva să accepte un lucru pe care nu l-ar face de bunăvoie".

- Incident neplăcut/neașteptat = incident <din fr. „incident"> este o „întâmplare neașteptată (și neplăcută) care apare în desfășurarea unei acțiuni".

- Involuție regresivă = involuție <din fr. „involution", lat. „involuțio, -onis"> este o „modificare regresivă a unui organ sau a unui organism; proces de transformare regresivă, de regres".

- (A) izbucni brusc/cu putere/deodată = a izbucni <din bg. „izbukna"> semnifică „a se manifesta brusc și cu putere, a se arăta deodată".

- Iz neplăcut = iz <din magh. „iz"> este „un miros (și gust) neplăcut".

- (A) înfăşura de jur-împrejur = a înfăşura <din lat. „in-fasciolare"> înseamnă „a se acoperi strâns de jur-împrejur cu o pânză etc.".

- (A) jigni onoarea/demnitatea = a jigni <din scr. „žignuti"> înseamnă „a atinge pe cineva în onoarea sau în demnitatea sa; a ofensa, a insulta".

- (A) jindui intens = a jindui <din sl. Žendati"> înseamnă „a jindui ceva în mod intens; a râvni, a pofti".

- Jubileu de 50 de ani = jubileu <din fr. „jubilé", lat. „jubilaeus") este o „sărbătoare a împlinirii unui număr de ani (de obicei 50) de la producerea unui eveniment".

- Kitsch de prost gust = kitsch <din germ. „Kitsch"> este un „termen folosit pentru a desemna un obiect decorativ de prost gust".

- Leoarcă de apă = leoarcă înseamnă „foarte ud, plin de apă".

- Leziune corporală = leziune <din fr. „lésion", lat. „laesio, -onis"> este o „rană căpătată prin lovire, rănire sau ca urmare a unei boli".

- Mijloace mass-media = mass-media <din engl.> înseamnă „totalitatea mijloacelor de informare a maselor (radio, televiziune, presă etc.)".

- Miracol extraordinar/supranatural/minunat/uimitor = miracol <din lat. „miraculum", it. „miracolo", fr. „miracle") este un „fenomen supranatural sau o minune; fapt uimitor, extraordinar".

- Mujdei de usturoi = mujdei este un „preparat din usturoi pisat".

- (A) muşca cu dinţii = a muşca înseamnă „a apuca cu dinţii".

- (A) oferi în dar = a oferi <din it. „offerire"> înseamnă „a propune cuiva să primească un lucru necerut; a da în dar, a pune la dispoziţie".

- Optimizare mai bună = a optimiza <din fr. „optimiser"> înseamnă „a face ca randamentul unei maşini, al unui sistem tehnic etc. să fie optim, să corespundă unor exigenţe sporite", iar „optim" <din fr. „optime", lat. „optimus"> (având deja valoare de superlativ – cu sensul de „cel mai bun, foarte bun") nu mai poate primi ca atribut comparativul „mai bun".

- Opțiunea de a alege = opțiune <din fr. „option", lat. „optio, -onis"> este „faptul sau dreptul de a alege din două sau mai multe lucruri, posibilități etc. pe acela sau pe aceea care îți convine".

- Pacient bolnav = pacient <din lat. „patiens, -ntis", fr. „pațient", germ. „Patent", it. „paciente"> este o „persoană bolnavă care se găsește în tratamentul unui medic".

- Panaceu universal = panaceu <din lat. „panacea", fr. „panacée"> este „un medicament despre care se credea odinioară că vindecă orice boală; leac, remediu universal".

- Performanță deosebită = performanța <din fr. „performance"> este un „rezultat deosebit de bun obținut de cineva într-o întrecere sportivă".

- (A) persevera cu răbdare/cu tenacitate/cu convingere/cu hotărâre = a persevera <din fr. „persévérer", lat. „perseverare"> înseamnă „a rămâne ferm și constant la o idee, la un sentiment, la o atitudine; a stărui cu răbdare, cu convingere, cu tenacitate".

- (A) mai persista încă/și acum/în continuare = a persista <din fr. „persister"> înseamnă „a rămâne neclintit în hotărârile, în atitudinile, în sentimentele etc. sale; a stărui, a continua să existe, să fie, să se mențină, iar adverbele mai, încă și acum sunt în plus, căci sensul lor temporal este unul care durează".

- Perspectivă de viitor = perspectiva <din fr. „perspective"> este „ceea ce se întrevede ca posibil, realizabil în viitor; posibilitate de dezvoltare, de realizare în viitor a ceva sau a cuiva".

- (A) preciza clar/exact/limpede = a preciza <din fr. „préciser", it. „precisare"> înseamnă „a determina, a stabili, a arăta, a exprima ceva în mod precis, clar, limpede; a elucida, a clarifica".

- (A) prefera mai mult/mai bine = a prefera <din fr. „préférer"> înseamnă „a da întâietate unui lucru, unei situații sau unei ființe, în raport cu altceva sau cu altcineva; a considera ceva sau pe cineva mai bun, mai valoros, mai important etc., a aprecia mai mult ceva sau pe cineva".

- (A) proiecta în viitor = a proiecta înseamnă „a face un proiect; a intenționa, a plănui pentru viitor".

- Realizare obținută/îndeplinită/dobândită/câștigată = realizare este „acțiunea de a aduce ceva la îndeplinire, de a face să devină real, de a obține, a dobândi, a câștiga".

- (A) repeta din nou/încă o dată/de mai multe ori = a repeta <din fr. „répéter", germ. „repetieren"> înseamnă „a spune, a face, a produce din nou, încă o dată (sau de mai multe ori) ceea ce a mai fost spus, făcut sau produs".
- (A) restitui înapoi = a restitui <din fr. „restituer", it. „restituire"> înseamnă „a înapoia".
- (A) revedea încă o dată/din nou/iarăși/iar = a revedea înseamnă „a vedea din nou, a întâlni iar".
- (A) reveni din nou/iar = înseamnă „a veni din nou, a se întoarce; a apărea iar".
- (A) sări în sus/brusc = a sări <din lat. „salire"> înseamnă „a se desprinde de la pământ, avântându-se în sus printr-o mișcare bruscă, și a reveni în același loc; a sălta; a se deplasa brusc și cu putere în sus".
- Surpriză neașteptată/neprevăzută = surpriza <din fr. „surprise"> este „faptul de a lua pe cineva prin surprindere; tot ceea ce provoacă o bucurie neașteptată, o plăcere".
- Sursă originară/centrală/de plecare/de proveniență = sursa <din fr. „source"> este „un loc unde se produce, unde se poate găsi sau de unde se propagă

ceva; sediul sau obârşia unor lucruri; (fig.) izvor, obârşie, origine".

- (A) survola deasupra = a survola <din fr. „survoler"> înseamnă „a zbura cu avionul deasupra unui teritoriu determinat".

- Şi etc. = etc. (et cetera) înseamnă „şi alţii, şi altele, şi ceilalţi, şi aşa mai departe".

- Şi inclusiv = inclusiv <din fr. „inclusif"> are valoarea unei îmbinări libere conjuncţionale cu sensul şi cu".

- Şpriţ de vin = şpriţ <din germ. „Spritzer"> este o „băutură obişnuită din vin cu sifon sau cu apă minerală".

- Toată mass-media = mass-media <din engl.> înseamnă „totalitatea mijloacelor de informare a maselor".

- (A) trancende dincolo de.../peste.../deasupra... = a trancende <din lat. „transcendere", fr. „trancender"> înseamnă „a trece dincolo de..., a păşi peste...; a depăşi limita cunoaşterii experimentale, perceptibile".

- (A) ţâşni brusc/pe neaşteptate/cu repeziciune = a ţâşni „înseamnă a apărea, a sări, a ieşi de undeva pe neașteptate; a intra brusc undeva, a da buzna; a porni brusc, a se repezi, a se năpusti".

- (A) țipa tare = a țipa înseamnă „a striga cu glas tare și ascuțit; a zbiera; a vorbi cu glas ridicat; a se răsti la cineva".

- Xenofobie față de străini/față de tot ce este străin = xenofobie <din fr. „xénophobie"> este „ură față de străini și față de tot ce este străin".

- Zvon fals/neîntemeiat/neverificat = zvon <din sl. „zvonŭ"> este o „știre, veste care circulă din om în om; informație care nu a fost verificată".

(*Dicționar de exprimări pleonastice*, de Ilie-Stefan Rădulescu; pentru mai multe astfel de formulări pleonastice, ești invitat să consulți dicționarul menționat anterior)

Bibliografie

DOOM 2 - *Dicționarul Ortografic, Ortoepic și Morfologic al Limbii Române* (ediția a II-a, revizuită și adăugită), Ed. Univers Enciclopedic, București, 2005

DEX - *Dicționarul Explicativ al Limbii Române*, Ed. Academiei Române, București, 1975

Vintilă - Rădulescu, Ioana (coord.): DIN – *Dicționar Normativ al Limbii Române* (ortografic, ortoepic, morfologic și practic), Ed. Corint, București, 2009

Șerban, Vasile: *Sintaxa Limbii Române* (ediția a II-a, revizuită și completă), Ed. Didactică și Pedagogică, București, 1970

Hristea, Theodor (coord.): *Sinteze de limba română*, Ed. Albatros, București, 1984

Avram, Mioara: *Gramatica pentru toți*, Ed. Academiei Republicii Socialiste România, București, 1986

Graur, Alexandru: *Mic tratat de ortografie*, Ed. Științifică, București, 1974

Graur, Alexandru: *Mic tratat de ortografie*, Ed. Humanitas, București, 2009

Rădulescu, Ilie - Ștefan: *Erori flagrante de exprimare (radiografie a limbajului cotidian)*, Ed. Niculescu, București, 2007

Popescu, Florin: *Limba Română (Sintaxa)*, Ed. Didactică și Pedagogică, București, 1978

Lefter, Ionela; Iordăchescu, Carmen: *Limba română*, Ed. Carminis, Pitești, 1994

Rădulescu, Ilie - Ștefan: *Dicționar de exprimări pleonastic*, Ed. Niculescu, București, 2013

Hicks, Esther; Hicks, Jerry: *Legea Atracției*

Cum să urci sus dacă ai coborât jos? (pleonasme).. 57

Un cuvânt cu mai multe înțelesuri (cuvinte greșite la plural).. 63

Unele cuvinte iubesc doar un număr (substantive defective de număr)... 75

Omul ~~pe~~ care a citit cartea (care/pe care)......................... 77

Noi înșine ne construim lumea (pronume/adjectiv de întărire).. 83

Trebuiește sau trebuie?.. 87

Cel care vrea să ~~aibe~~ carte să citească (aibă/aibe)............. 93

A vroi nu există, ci a vrea (voiam/vroiam)...................... 95

Mi-ar ~~place~~ dacă ai ~~tace~~ (place/plăcea etc.)...................... 99

Lucrurile se așază de la sine (a așeza, a înșela)...............104

Se merită să risc? (a râde, a merita, a risca)....................106

Vreau și eu un acord, te rog!..110

Când substantivele stau ca niște struguri pe ciorchini (subiect multiplu)...117

O mulțime de oameni a/au venit (subiect colectiv).........126

Cuprins

Cine este sau ce este „Gramatica are suflet"?.................. 5

Mulțumesc!... 8

Cine este Vio?.. 11

Dorința..16

SĂ ÎNCEPEM CĂLĂTORIA............................... 25

Un sunet și-o literă... 25

GREȘELI CARE SE FAC ÎN VORBIRE

Un sunet schimbat modifică piesa muzicală
(paronime).. 29

Litere care zgârie (cacofonia).. 33

Vină și mulțumire (datorită/din cauza)........................... 41

Nu există ceva mai presus decât atât (grade de
comparație).. 46

Decât/numai (doar)... 53

Învață să faci un acord în cruce (copil a cărui mamă)......130

Intuiție sau precizie ? Alege între a, al, ai, ale................134

Jumătate dintre oameni au mâncat jumătate din prăjitură (din/dintre)..141

GREȘELI CARE SE FAC ÎN SCRIS

Îmi aleg dreptul de a nu fi **același/aceeași** în fiecare zi (pronume/adjective demonstrative)....................146

Și el face, **de asemenea**, ce vrea..................153

Altfel te simți când ai un alt fel de stil de viață (altfel/alt fel).................................. 156

O **minge** m-a făcut să uit că sunt bătrân................ 158

Nu mai zice că **numai** tu faci totul................ 160

Demult nu știam cât **de mult** îmi ia să zbor................ 163

~~Proprii~~ copii nu sunt copiii tăi proprii....................166

Dragile mele dragi!................................ 169

Creația ar fi mai ușoară cu doi „e" (a crea)............... 174

Oare se scrie vreodată „vre-un"?...... 179

Nici unul, nici altul nu a mişcat niciun deget...... 182

Odată am fost şi eu ca tine (odată/o dată)...... 186

Ce cuvinte vor să fie prietene cu o majusculă?...... 194

Noştri şi voştri se scriu într-un singur fel...... 201

Secretul bine păzit al imperativului negativ: fii/nu fi...... 206

Membrii echipei ştiu câţi **membri** lipsesc...... 213

Vi s-a întâmplat să vă urcaţi în vii după struguri?...... 220

Atunci când ştii că nu ştii nimic, eşti cu adevărat înţelept (a şti)...... 226

Fii genial, nu fi nerăbdător...... 236

Verbele cu „i" sunt prietenele tale...... 242

SEMNE DE PUNCTUAŢIE

Şi tu poţi simţi punctul...... 250

Libertatea include şi punct şi virgulă...... 255

Există gânduri şi după două puncte...... 257

Prinde cuvintele între ghilimele să nu scape.................. 261

Parantezele rotunde și pătrate fac parte din viață............ 268

Când ai prea mult de zis, scrii etc. și ș.a.m.d................. 275

Când te adresezi cuiva, respectă acea persoană
(vocativ).. 279

„Și" își cere, uneori, dreptul la virgulă............................ 283

Apozițiile și cuvintele incidente sunt sprijinite de
virgulă... 291

Scrie da și nu cu încredere... 297

Joacă-te și tu cu literele: conjuncții adversative.............. 301

Unele cuvinte se iubesc în perechi................................. 306

Cum se comportă virgula într-o propoziție?................... 312

Cum se comportă virgula în frază?................................. 318

Și virgula are un loc sub soare (recapitulare)................. 334

Cuvintele înseamnă să alegi... 343

Anexa 1 - Mic dicționar de paronime............................ 347

Anexa 2 - Pleonasme... 364

Bibliografie.. 379

Made in the USA
Lexington, KY
24 April 2017